杨式太极拳

中华武术文库　拳械部　拳术类

傅钟文　演述
周元龙　笔录
顾留馨　　审

中国武术协会审定

人民体育出版社
一九九四年·北京

图书在版编目（CIP）数据

杨式太极拳 / 傅钟文演述；周元龙笔录. -- 北京：人民体育出版社, 1994 (2024.6重印)
（中华武术文库. 拳械部. 拳术类）
ISBN 978-7-5009-1103-6

Ⅰ. ①杨… Ⅱ. ①傅… ②周… Ⅲ. ①太极拳—图解
Ⅳ. ①G852.11-64

中国版本图书馆CIP数据核字(2022)第028966号

杨式太极拳

中华武术文库　拳械部　拳术类

傅钟文演述　周元龙笔录　顾留馨审

中国武术协会审定

*

人民体育出版社出版发行

三河兴达印务有限公司印刷

新　华　书　店　经　销

*

787×1092　32开本　4.25印张　50千字

1994年11月第1版　　2024年6月第21次印刷

印数：133,611—136,610册

*

ISBN 978-7-5009-1103-6

定价：16.00元

社址：北京市东城区体育馆路8号（天坛公园东门）
电话：67151482（发行部）　　邮编：100061
传真：67151483　　邮购：67118491
网址：www.psphpress.com

杨式太极拳简介

杨式太极拳是太极拳的一个流派。这派太极拳是由河北永年人杨禄禅(1799～1872)及其子杨健侯(1839～1917)其孙杨澄甫(1883～1936)等人在陈式老架太极拳的基础上发展创编的。

杨式太极拳拳架舒展简洁,结构严谨,身法中正,动作和顺,轻灵沉着兼而有之;练法上由松入柔,刚柔相济,形成独特的风格。

由于杨式太极拳姿势开展,平正朴实,练法简易,因此它深受广大群众热爱,开展得最为广泛。

杨式太极拳的拳架有高、中、低之分,初学者可根据不同年龄、性别、体力条件,以及不同的要求,采用高低不同的拳架适当调整运动量。因此,它既适于体力较好者用来增强体质,又适用于体弱者作为疗病和保健的手段。

前　　言

为了继承杨澄甫老师精湛的太极拳技术，我受人民体育出版社之托，自 1961 年 5 月开始编写本书，直至 1962 年 8 月才全部写完。

“太极拳之练习谈”和“太极拳说十要”两文，录自先师杨澄甫所著《太极拳体用全书》，并在三两处作了某些删节，以作为读者练习本拳套时的指南。

拳路图解和推手图解两部分系由我演述，由周元龙同志笔录和绘图。

编写本书的目的在于继承传统套路，并不以技击为主，所以只在动作方面作了较详细的说明，对于技击作用则从略。在动作要点方面，我根据《太极拳体用全书》的原来架式，同时参考先师所著《太极拳使用法》而编写的，另外，我尽量将过去先师教导我时对每个姿势所提出的要求写出，未曾增减，公诸同好，以为楷式。在图照方面，有 76 幅是按照先师原有拳照加以摹绘的，其余是根据练法和动作分解上的需要而添绘的。

在编写本书过程中，国家体委武术科和上海市体委曾予以大力支持，顾留馨同志对本书进行审阅，并提出了宝贵的意见。此外，先师次子振基和三子振铎曾为本书校订。我在这里谨表示衷心的感谢。

本书由我主编，但限于水平，所有演述难免有不到之处，热忱希望读者不吝指正和批评。

傅钟文　谨　识

1962 年 8 月于上海

出 版 说 明

为了继承和发展中华民族优秀文化遗产，挖掘整理武术优秀传统套路，介绍武术科研成果，整理武术古籍和建国后各地出版的优秀武术图书，使武术图书系列化，我们出版了这套中华武术文库，由中国武术协会审定。

《文库》按“部”、“类”、“册”的序列陆续出版，包括新中国成立以前历代的优秀武术图书和人物传记，以及建国以后挖掘整理的成果、新创编的拳械套路、理论著述和包括台湾省及港澳在内的各地出版的优秀武术图书。总之，举凡古今优秀武术专著、优秀套路和武林名人等，都分别按属性编入“理论部”、“古籍部”、“人物部”、“拳械部”（包括“拳术类”、“器械类”）。这本《杨式太极拳》是《中华武术文库》“拳械部”“拳术类”之一。

本《文库》力求内容科学准确，道理深入浅出，文字通俗易懂，材料翔实，图文并茂，便于自学，利于查阅。收入“古籍部”的图书，经过标点校勘，力求达到较高的版本水平。我们希望中华武术文库成为武术工作者和爱好者喜爱的大型武术丛书。

人民体育出版社

1994 年 3 月

目　　录

第一章　太极拳要领

太极拳之练习谈

杨澄甫口述
张鸿逵笔录

中国之拳术，虽派别繁多，要知皆寓有哲理之技术，历来古人穷毕生之精力，而不能尽其玄妙者，在在皆是，学者若费一日之功力，即得有一日之成效，日积月累，水到渠成。

太极拳，乃柔中寓刚、棉里藏针之艺术，于技术上、生理上、力学上，有相当之哲理存焉。故研究此道者，须经过一定之程序与相当之时日，虽然良师之指导、好友之切磋，固不可少，而最紧要者，是在逐日自身之锻炼。否则谈论终日，思慕经年，一朝交手，空洞无物，依然是门外汉者，未有逐日功夫。古人所谓，终思无益，不如学也。若能晨昏无间，寒暑不易，一经动念，即举摹练，无论老幼男女，及其成功则一也。

近来研究太极拳者，由北而南，同志日增，不禁为武术前途喜。然同志中，专心苦练，诚心向学，将来不可限量者，固不乏人，但普通不免入于两途，一则天才既具，年力又强，举一反三，颖悟出群，惜乎稍有小成，便是满足，遽迩中辍，未能大受；其次急求速效，忽略而成，未经一载，拳、剑、刀、枪皆已学全，虽能依样葫芦，而实际未得此中三昧，一经考究其方向动作，上下内外，皆未合度，如欲改正，则式式皆须修改，且朝经改正，而夕已忘却。故常闻人曰："习拳容易改拳难。"此语之来，皆由速成而致此。如此辈者，以误传误，必致自误误人，最为技术前途忧者也。

太极拳开始，先练拳架。所谓拳架者，即照拳谱上各式名称，一式一式由师指教，学者悉心静气，默记揣摹，而照行之，谓之练架子。此时学者应注意内外上下：属于内者，即所谓用意不用力，下则气沉丹田，上则虚灵顶劲；属于外者，周身轻灵，节节贯串，由脚而腿而腰，沉肩曲肘等是也。初学之时，先此数句，朝夕揣摹，而体会之，一式一手，总须仔细推求，举动练习，务求正确。习练既纯，再求二式，于是逐渐而至于习完，如是则毋事改正，日久亦不致更变要领也。

习练运行时，周身骨节，均须松开自然。其一，口腹不可闭气；其二，四肢腰腿，不可起强劲。此二句，学内家拳者，类能道之，但一举动，一转身，或踢腿摆腰，其气喘矣，其身摇矣，其病皆由闭气与起强劲也。

一、摹练时头部不可偏侧与俯仰，所谓要"顶头悬"，若有物顶于头上之意，切忌硬直，所谓悬字意义也。目光虽然向前平视，有时当随身法而转移，其视线虽属空虚，亦为变化中一紧要之动作，而补身法手法之不足也。其口似开非开，似闭非闭，口呼鼻吸，任其自然。如舌下生津，当随时咽入，勿吐弃之。

二、身躯宜中正而不倚，脊梁与尾闾，宜垂直而不偏；但遇开合变化时，有含胸拔背、沉肩转腰之活动，初学时节须注意，否则日久难改，必流于板滞，功夫虽深，难以得益致用矣。

三、两臂骨节均须松开，肩应下垂，肘应下曲，掌宜微伸，手尖微曲，以意运臂，以气贯指，日积月累，内劲通灵，其玄妙自生矣。

四、两腿宜分虚实，起落犹似猫行。体重移于左者，则左实，而右脚谓之虚；移于右者，则右实，而左脚谓之虚。所谓虚者，非空，其势仍未断，而留有伸缩变化之余意存焉。所谓实者，确实而已，非用劲过分，用力过猛之谓。故腿曲至垂直为准，逾此谓之过劲，身躯前扑，即失中正姿势。

五、脚掌应分踢腿（谱上左右分脚或写左右起脚）与蹬脚二式，踢腿时则注意脚尖，蹬腿时则注意全掌，意到而气到，气到而劲自到，但腿节均须松开平稳出之。此时最易起强劲，身躯波折而不稳，发腿亦无力矣。

太极拳之程序，先练拳架（属于徒手），如太极拳、太极长拳；其次单手推挽、原地推手、活步推手、大攦、散手；再次则器械，如太极剑、太极刀、太极枪（十三枪）等是也。

练习时间，每日起床后两遍，若晨起无暇，则睡前两遍，一日之中，应练七八次，至少晨昏各一遍。但醉后、饱食后，皆宜避忌。

练习地点，以庭园与厅堂，能通空气，多光线者为相宜。忌直射之烈风与有阴湿霉气之场所，因身体一经运动，呼吸定然深长，故烈风与霉气，如深入腹中，有害于肺脏，易致疾病也。练习之服装，以宽大之中服短装与阔头之布鞋为相宜。习练经时，如遇出汗，切忌脱衣裸体，或行冷水揩抹，否则未有不罹疾病也。

太极拳说十要

杨澄甫口述

陈微明笔录

一、虚灵顶劲 顶劲者，头容正直，神贯于顶也。不可用力，用力则项强，气血不能流通，须有虚灵自然之意。非有虚灵顶劲，则精神不能提起也。

二、含胸拔背 含胸者，胸略内涵，使气沉于丹田也。胸忌挺出，挺出则气拥胸际，上重下轻，脚跟易于浮起。拔背者，气贴于背也，能含胸则自能拔背，能拔背则能力由脊发，所向无敌也。

三、松腰 腰为一身之主宰，能松腰然后两足有力，下盘稳固；虚实变化皆由腰转动，故曰：“命意源头在腰隙”，有不得力必于腰腿求之也。

四、分虚实 太极拳术以分虚实为第一义，如全身皆坐在右腿，则右腿为实，左腿为虚；全身皆坐在左腿，则左腿为实，右腿为虚。虚实能分，而后转动轻灵，毫不费力；如不能分，则迈步重滞，自立不稳，而易为人所牵动。

五、沉肩坠肘 沉肩者，肩松开下垂也。若不能松垂，两肩端起，则气亦随之而上，全身皆不得力矣。坠肘者，肘往下松坠之意，肘若悬起，则肩不能沉，放人不远，近于外家之断劲矣。

六、用意不用力 太极拳论云：此全是用意不用力。练太极拳全身松开，不使有分毫之拙劲，以留滞于筋骨血脉之间以自缚束，然后能轻灵变化。圆转自如。或疑不用力何以能长力？盖人身之有经络，如地之有沟洫，沟洫不塞而水行，经络不闭则气通。如浑身僵劲满经络，气血停滞，转动不灵，牵一发而全身动矣。若不用力而用意，意之所至，气即至焉，如是气血流注，日日贯输，周流全身，无时停滞。久久练习，则得真正内劲，即太极拳论中所云："极柔软，然后极坚刚"也。太极拳功夫纯熟之人，臂膊如绵裹铁，分量极沉；练外家拳者，用力则显有力，不用力时，则甚轻浮，可见其力乃外劲浮面之劲也。不用意而用力，最易引动，不足尚也。

七、上下相随 上下相随者，即太极拳论中所云："其根在脚，发于腿，主宰于腰，形于手指，由脚而腿而腰，总须完整一气"也。手动、腰动、足动，眼神亦随之动，如是方可谓之上下相随，有一不动，即散乱也。

八、内外相合 太极拳所练在神，故云："神为主帅，身为驱使。"精神能提得起，自然举动轻灵。架子不外虚实开合。所谓开者，不但手足开，心意亦与之俱开，所谓合者，不但手足合，心意亦与之俱合，能内外合为一气，则浑然无间矣。

九、相连不断 外家拳术，其劲乃后天之拙劲，故有起有止，有续有断，旧力已尽，新力未生，此时最易为人所乘。太极拳用意不用力，自始至终，绵绵不断，周而复始，循环无穷。原论所谓“如长江大河，滔滔不绝”，又曰“运劲如抽丝”，皆言其贯串一气也。

十、动中求静 外家拳术，以跳踯为能，用尽气力，故练习之后，无不喘气者。太极拳以静御动，虽动犹静，故练架子愈慢愈好。慢则呼吸深长，气沉丹田，自无血脉偾张之弊。学者细心体会，庶可得其意焉。

第二章　杨式太极拳图解

杨式太极拳拳式名称顺序

第一式　预备式
第二式　起势
第三式　揽雀尾
第四式　单鞭
第五式　提手上势
第六式　白鹤亮翅
第七式　左搂膝拗步
第八式　手挥琵琶
第九式　左右搂膝拗步
第十式　手挥琵琶
第十一式　左搂膝拗步
第十二式　进步搬拦捶
第十三式　如封似闭
第十四式　十字手
第十五式　抱虎归山
第十六式　肘底看捶
第十七式　左右倒撵猴
第十八式　斜飞式
第十九式　提手上势
第二十式　白鹤亮翅
第二十一式　左搂膝拗步
第二十二式　海底针
第二十三式　扇通背
第二十四式　撇身捶
第二十五式　进步搬拦捶
第二十六式　上步揽雀尾
第二十七式　单鞭
第二十八式　云手

关于图照的几点说明

1. 杨式太极拳图解有动作分解图244幅和附图7幅，共计251幅，其中有76幅是按照杨澄甫生前拳照摹绘的，其余是根据需要而添绘成杨澄甫体型的。今将按杨澄甫原照所描之图的图号列出，以便读者参考：3、6、9、11、14、17、22、24、28、33、35、37、41、43、49、53、56、60、74、78、81、82、85的侧面图，87、90、92、93、96、103、105、109、111、112、115、118、121、124的侧面图，127、130、133、135、139、142、143、146、153、156、160的侧面图，163的侧面图，169的正面图，172、175、179、181、184、187、189、195、199、202、206、207、209、212、214、217、218、220、223、227、228、230、232、238、241、244。

2. 为了便利读者查对拳式的方向，把图照中姿势的方向约定为：面向读者等于向南，背向读者等于向北，面向读者右面等于向东，面向读者的左面等于向西。当读者练习纯熟后，可以根据场地形状任选方向，不一定要把预备式从面南站立开始。

3. 图中所有带有实线或虚线的箭头，均表示手或脚的动作趋向，所有图中的箭头，均表示由本图过渡到下一图的动作趋向。凡动作较简单、用文字即可能说明的，即不再在图中表示其动作趋向和绘箭头,可参看文字和后一图就可明了。

4．带有实线的箭头表示右手或右脚的动作趋向，带有虚线的箭头表示左手或左脚的动作趋向。

5．为了表示动作趋向的空间，带有虚实线的箭头大致上按透视原理绘制：近读者的一面为粗、大，远读者的一面为细、小。

6．由于太极拳中脚的动作也较细致，为了表明脚与地面的关系，在脚旁绘上阴影，以资区别。（参阅下图）

表示全脚着地

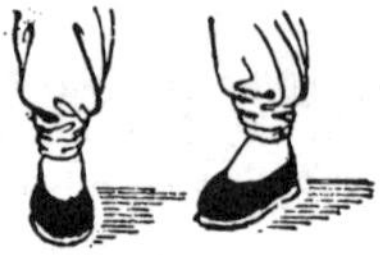

脚旁无阴影者,表示全脚离地

表示脚跟着地

表示脚尖着地

杨式太极拳图解

第一式　预备式

两足左右开立，距离同肩宽，脚尖皆朝前；身体自然直立；两臂自然下垂；眼向前平视。(图 1)

图 1

要　点

1. 要求“虚领顶劲”、“气沉丹田”、“尾闾中正”、“含胸拔背”。在这几个主要要求下，放松全身，做到“立身中正安舒”，并贯串于整套动作之中。这几点要求，为太极拳所有动作的共同要点，锻炼时须刻刻记住，在后文的要点中不再一一重述，而仅提醒某一动作容易违反其中某一要求。例如，揽雀尾中的挤式和按式，初学者往往身体容易前俯或后仰，因此就在要点中及时提出，而其他共同要点虽未提及，但仍然要注意。

2. 两臂下垂，肩关节要放松；手指自然微屈。

3. 精神要自然提起；心要静，不要有丝毫杂念。

4. 预备式中的要点大都是整套动作的要点，所以该式是一切动作的基础，初学者尤当注意。

第二式　起势

动作一：两臂徐徐向前平举至高与肩平，两掌相距同肩

宽，掌心皆朝下。（图 2）

动作二：两肘下沉，自然地带动两掌徐徐向下按至胯前，手指仍朝前，掌心仍朝下；眼向前平视。（图 3）

图 2

图 3

要　点

1. 在两臂未举之前，应仔细检查一下预备式是否合乎要求，然后开始做起势动作。这时，思想要领先，要集中在每个动作的动向上，也就是要做到《十三势行功心解》所要求的“先在心，后在身”。例如在做该式两臂前平举时，先要意识到怎样举，然后随着徐徐举起；即使是重复的或已很熟练的动作，也必须这样做，否则，内外动作容易散乱。

2. 练习太极拳时，自起势至收势，每个动作都要求“沉肩坠肘”（详见《太极拳十要》一文）。如该式两臂前举和两掌下按时，两肩不可耸起、紧张或用力，必须松开下沉。两臂前举时两肘不可挺直，须有微屈下坠之意。两肘下沉带动两掌下按时，“坠肘”固然很明显，即使在两掌已下按到两胯前时，仍然要求“坠肘”。在这点上，初学者往往较难理解：认为肘部既已垂在下面，终不能把肘“坠”于两掌的下面去。其实，在这种姿势上（后面动作中也有类似情况，如搂膝拗步中搂膝之手等），对“坠肘”应该这样来理解：就是两肘须微屈，使小臂向前微弯，这样，肘尖露出，与地面成垂直线，仍然可达到“坠肘”的要求；而如果两小臂也垂直，就失掉“坠肘”之意了。

3. 要做到坐腕。所谓坐腕，就是把掌根下沉，手指节微微上翘，但不可用力翘起，必须自然，这样才能把劲贯至掌根，手指也有所感觉。能坐腕，才能“形于手指”。

4. 太极拳从起势到收势，所有前后动作之间必须连接，不可停断，要求速度均匀，绵绵不断，一气呵成。例如，该式两掌前举至高与肩平时即下落，其间不可有停顿现象，亦即每一动作到定点时，必须做到“似停非停”。

5. 练习此拳套用掌时，五指要自然舒展，不可用力张开，也不可松懈、弯曲，掌心要微呈凹形。

第三式 揽雀尾

（一）左右掤式

动作一：右脚尖外撇45度，身体同时右转45度。随转体时，重心渐渐移于右腿，右腿屈膝微蹲，左脚经右踝内侧向右提。同时，右掌随转体自下经腹前而上，在右胸前向右向里向左抹转一小圈，掌心朝下；左手也同时经腹前向右弧形抄至右掌下方，随抄随着臂外旋使掌心翻朝右面上方；两掌相对如抱球状，右肘稍坠；略低于腕，两臂呈弧形。眼随

转体平视转移，眼神稍先于右臂到达，并要顾及右臂。（图 4—5）

图 4

图 5

动作二：右腿继续渐渐下蹲，左脚向左前迈出一步，先以脚跟着地，随着重心渐渐移向左腿而至全脚踏实，脚尖斜朝西南，弓左腿，蹬右腿，成左弓步。当左脚前迈时，身体稍向左转，当左脚跟一经着地，身体即渐渐右转。同时，左肘稍屈，以左小臂向左上弧形掤出，左掌高与肩平，腕微里屈，掌心斜朝右面上方；右掌向前而右弧形下采至高与胯齐，掌心朝下，手指朝前，坐腕，指节微向上翻。眼向前平视，眼神要关及两掌左右分开（图 6）。动作一、二为左掤，动作三、四为右掤。

动作三：重心渐渐全部移于左腿，身体微左转，右脚经左踝内侧弧形向前提起。随转体时，左肘向左后方微下撤，自然带动左掌下移于左胸前，随下移随着臂内旋使掌心渐渐翻朝右面下方；右掌同时向左弧形抄至腹前，随抄随着臂外旋

使掌心翻朝左面上方，与左掌成抱球状，两臂均呈弧形。眼神略顾左臂后撤，即渐渐转向右臂前方平视。（图 7）

图 6

图 7

动作四：右脚向右（西）迈出，先以脚跟着地，随着重心渐渐移向右脚而至全部踏实，弓右腿，蹬左腿，成右弓步；同时身体微向右转。随着转体，右小臂同时向右（西）上掤，右掌高与肩平，肘稍低于掌；左掌随右臂向前推出。眼向前

图 8

平视，眼神要顾及右小臂前掤。(图 8—9 和图 9 的正面图)

图 9

图 9 的正面图

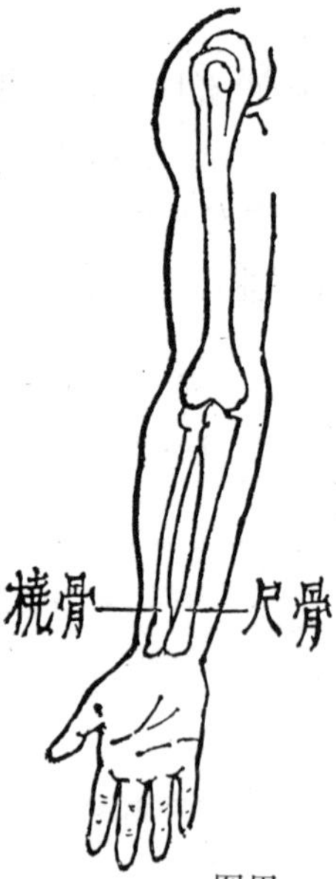

图甲

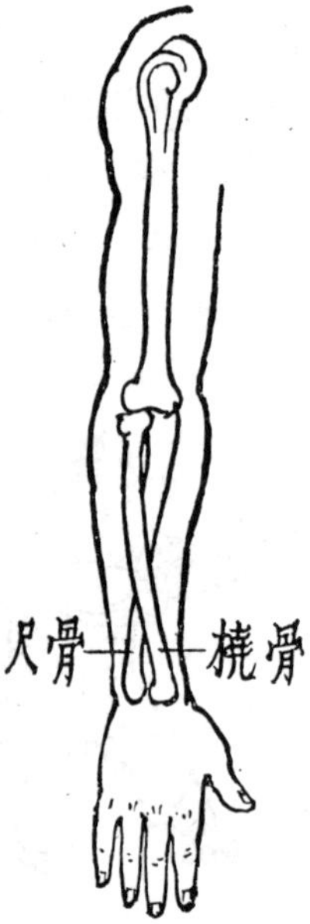

图乙

注：关于动作说明中的臂外旋或臂内旋的详细动作，在这里作一下说明，后文不再重述。臂外旋，如以右手心朝里（图乙）为例，就是把拇指的一侧向掌背（或拳背）一面旋转，使手心转朝外，亦即使小臂的桡骨离开尺骨而向“外

旋”转（如由图乙向外旋转而成图甲）；臂内旋，就是把拇指一侧向掌心（或拳心）一面旋转，使手心转朝里，亦即使桡骨围绕尺骨“内旋”而交叉在尺骨的上面（如由图甲向内旋转而成图乙）。

要　点

1. 身体左右转动时要以腰为轴，身体仍须正直，后面所有转体动作都必须这样做。

2. 身、手、足等方面的动作都须柔缓，速度均匀。

3. 身、手、足等方面的动作在文字叙述中虽有先后，但必须同时开始和同时完成，要做到协调一致。所以《十三势行功心解》中说：“切记一动无有不动，一静无有不静。”

4.《十三势行功心解》要求“迈步如猫行”。因此，凡步迈出都必须轻灵。例如该式右脚向右迈出，应以坐实之左腿渐渐下蹲来控制着迈出的右腿向前徐徐伸迈，才不致笨重。这也是“分清虚实”在步法上的一种表现。

5. 凡弓步，弓腿之膝不可超出脚尖；蹬腿的脚掌和脚跟要全部着地，腿也不可蹬得挺直。凡弓步，以弓腿为实，蹬腿为虚；一般以弓腿负担体重十分之七，蹬腿负担十分之三。膝要与脚尖方向一致。

6. 右臂前掤须与肩平，不可偏高或偏低；掤出时肩关节不可前探；不可过于前掤，要以上体直立前移而右膝盖不超出脚尖为度，同时身体不可前扑。

7. 重心前移时，腿、腹、胸、手须不先不后地一致前去，自然“上下相随”，变动过程中也要保持“立身中正”。

（二）攌式

动作一：重心渐渐移向左腿，身体同时渐渐左转；同时左臂外旋，右臂内旋，使右掌心翻朝外下，左掌心翻朝里上，两掌随翻随向左搬。（图 10）

图 10

动作二：身体继续微左转；重心继续移向左腿，坐实左腿，成右虚步；两臂稍沉肘随转体继续左搬，左掌至左胸前，右掌至右胸前；在开始左搬时，眼神先关及右臂左搬，将要搬至尽处时，眼神稍关及左手，即渐渐转向前（西）视。（图 11—12）

图 11

图 12

要　点

1. 两臂须随腰左搬。左搬时两掌不可向外豁开，但两肱里侧也不可贴着肋部；沉肘起着护肋的作用，但两腋要留有约可容一拳的空隙。整套动作都应该这样，避免把身体困住。

2. 左攦时身体仍须正直转体，不可前俯后仰或摇晃；关键在于“上下相随”、“不先不后”。如果，下肢后坐得快些就会前俯，慢些就会形成后仰。

3. 在攦的动作过程中，由于翻掌、沉肘和向后坐实左腿等，看来两掌似乎稍有低下的现象。其实两掌并不是有意识地向左“下”攦。这点在循着掤、攦、挤、按四式规定的定步推手中也是如此：其中“攦”式也同样只向左（或右）攦，并没有向下之处。所以，凡是向左（右）“下”攦或向“下”攦者，都是不正确的，因这与推手是不相符合的。

4. 攦时左臂松松掤住，攦的过程中，两手要保持着与推手中攦式时同样的距离，也就是要用一手搭在对方腕节，一手搭在对方近肘节的大臂处来引进，使攦化的距离相等，不可拉得太开，这叫做“上于两膊相系”。

（三）挤式

动作：身体微右转；同时体重渐渐移向右腿，弓右腿，蹬

图 13

图 14

左腿，成右弓步；随着转体，右臂外旋使右掌心翻朝里，左臂内旋使左掌心翻朝外，右臂呈弧形横于胸前，右肘稍低于右腕，左掌在右小臂里侧，以右小臂与左掌向右（西）挤出；左掌随挤随着贴近右脉门内侧；眼向前平视，眼神要关及右臂。（图 13—14）

要 点

1．前挤时上身不可前俯或后仰；肩部不可耸起，须放松下沉；臀部不可凸出；肘部不可抬起，须稍低于腕。

2．挤出后左掌与右脉门之间要似挨非挨。

（四）按式

动作一：右臂微内旋使掌心翻朝下，左掌经右掌上侧交掌而过，随即两掌分开，距离稍狭于肩，两掌心皆朝下，两肘渐屈下沉，带动两掌略向下抹回；同时重心渐渐后移，坐实左腿；眼向前平视，眼神要关及两掌抹回。（图 15—16）

图 15

图 16

动作二：两掌向前按出，两腕高与肩平；同时，弓右腿，蹬左腿，成右弓步；眼向前平视，眼神要关及两掌前按。（图 17）

要　点

1. 重心渐渐后移时，右胯根(股骨头关节)微向后抽，使身体正对前方，不致偏向左斜角。

图 17

2. 两掌要随胯后坐抹回，要松肩，两肘不可外凸。

3. 两掌须随重心前移而向前按出，呈微微往上的弧形，但幅度不宜大；两臂与肩部不可紧张，不可耸肩，两肘不可用力挺直，身体不可前俯或后仰。

4. 两掌尚未按出时，左掌心斜朝右面前方，右掌心斜朝左面前方；两掌按出时，掌心须随按随向前转，但两掌心不可转至朝正前方；同时要求两掌根下沉，拇指一侧微往后翘。

5. 初学太极拳时，首先要把整套的所有动作和姿势都做准确，然后在做每个动作的同时还要练习运劲。

太极拳的劲点是随着动作的不断变换而不断转移的，所以动作要“绵绵不断”，“运劲如抽丝”。现以揽雀尾（图 4—17）中各动作为例，逐图指出其劲点所在和主要部分，以便学者参考和细心体会。

劲点已如上述，这里再谈一下劲的来源。

劲的来源是“其根在脚，发于腿，主宰于腰，形于手指”(见《太极拳论》)。例如按式，从图 16 过渡到图 17，两脚支撑地面是其根。譬如要推动一辆载货的手推车，必然要依靠两脚支撑地面，如果两脚凌空没有支撑点，要推动车辆是不可设想的，因此说“其根在脚”（练拳时包括上步、退步或原地支撑）。右腿前弓，左腿后蹬是“发于腿”。譬如要向前推动手推车，除两脚支撑地面外，必然还要借助于前腿前弓与后腿后蹬。

图号	右手劲点	左手劲点	主要部分
4	在近腕部的尺骨一侧	在小指一侧的掌根处	在右手
5	移至尺骨头处	移至桡骨头处	移向左手
6	移至小指一侧的掌根处	移至近腕部的桡骨一侧	在左手
7	上抄时在食指和大拇指的一侧	肘下沉时胫尺骨至小指一侧的掌根处	移向右手
8	移至桡骨一侧	移至掌根处	在右手
9	移至近腕部的桡骨一侧	掌根处	在右手
10	移至小指一侧腕部	移至食指和大拇指一侧	在右手
11	移至近腕部的尺骨一侧	移至近腕部的桡骨一侧	在右手
12	移至小指一侧的掌根处	移至食指和大拇指一侧	在右手
13	移至小臂外侧	移至小指一侧掌根处	在两手
14	移至近腕部小臂外侧	移至掌根	在两手
15	移至手指	移至手指	在两手
16	移至小指一侧的掌根处	移至小指一侧的掌根处	在两手
17	移至掌根	移至掌根	在两手

当重心后坐转为重心前移时，腰部微微向上，而后向下、向前绕一弧形，以引导着劲力和掌握着动作的方向向前（其

他如转体动作以腰向左右转动来引导劲力和掌握动作的方向），这叫做“主宰于腰”，或“腰为车轴”。通过脊部和背部的肌肉由缓缓收缩转为渐渐伸展，将劲力渐渐旋转递经肩、肘而到达掌根向前按出，并且手指也有劲力到达的感觉，这叫做“力由脊发”而达到“形于手指”。

同时，劲的转换也须这样。例如由掤转为履式（图9—11），也是通过由脚而腿而腰地将图9的右手原在近腕部桡骨一侧的劲点，移经小指一侧腕部，到达近腕部的尺骨一侧，将左手原在掌根的劲点，移经食指和大拇指的一侧，到达近腕部的桡骨一侧的。但不可因此而现出由脚而腿而腰而脊背地先后挨次而动，显出断续；动作总须“节节贯串”、“完整一气”，所以仍要“一动无有不动，一静无有不静”地协调一致（胸腹部分也必须在腰部的带动下相应地动着，决不是“含（了）胸”、松（了）胯”就丢开不管，让他一直“含胸”、“松腰胯”地呆着不动）。

但是，这里所指的劲点，并不是就在此处用力、使劲或紧张，而是仍然要求肌肉放松，动作缓慢、柔和，并仍须按照共同要点来做动作的。至于运劲，也是“先在心，后在身”，以意贯于这个部位，意到劲到，意之所注处就有所感觉。这也是“内外一致”的一种锻炼方法。

初学者如果没有有经验的教师当面给予指教，只要按照各要点准确地完成动作，日久之后由于动作的准确和熟练，这劲路也会自然产生，也会自然地“上下相随”、“内外一致”，这样也才不会产生流弊。由于每一动作都有一定的劲点移转，如果逐一讲解，势必连篇累牍。因此，这里仅举一例以概其余，后文中不再逐一指出。

6. 所谓“眼为心之苗”，是指从眼睛里可以看出思想的活动来，正如戏曲、舞蹈中传神的表演一样。练习太极拳时，眼神是练好一套拳的重要部分。

试举一例来分析一下眼神。例如从左掤过渡到右掤（图6—9）时：身体左转，左肘向左后微下撤，眼神关及左小臂（图7）；身体右转，右臂将要掤出时，眼神移顾右小臂（图8）；当右臂还未掤足时眼神已稍先于手到达意念中所要掤出的方向（在图8与图9之间）；当右臂前掤时，眼虽已向前平视，但眼神须关及右臂前掤。（图9）

从这个动作来看，我们不难了解，在动作过程中眼神是要结合“左顾右盼”的。但左顾右盼并不是没有原则地左右乱看，而是应该与身体转动的方向一致。其实，有许多转体动作如果眼睛不转（眼与脸的方向当然应该一致），腰也会扭不过来；即使像左攌式动作那样转体的幅度不大，但若是眼睛仍看着掤的方向，身体虽也能左转，可是就别扭得很；可见如果转体幅度再大些，就更没法转体了。另外，在“左顾右盼”时，仍不可忽略“虚灵顶劲”这个要求；不可为了要在左右移视时显得灵活而产生摇头晃脑的现象；也不可当手在上方或下方动作时产生仰头俯首的现象，而应该是“顶头悬”似地转动和用眼神关顾，这样才能显得既灵活又有神。

当动作将要完成时，眼睛总是稍先于手到达完成动作时的方向，要有“以眼领手”的表现，亦即眼睛要成为“心”的代表，并要结合“先在心，后在身”（详见前述）。例如在日常生活中，心里想去拿一件东西，眼睛也总是先看这件东西，然后手才跟着去拿，道理都是一样的。所以，凡是动作向预定的方向去，眼神总须先去。

虽然眼神先到，但并不是就丢开手不管了，仍然要关顾着手的动作直到到达为止。这样，才能将“手、眼、身、法、步”各方面的动作达到“一动无有不动，一静无有不静”地协调起来。

第四式　单鞭

动作一：重心渐渐移于左腿，身体左转；同时，右脚尖微翘，以脚跟为轴随转体脚尖尽量里扣踏实，重心随即移回于右腿；同时，两肘微沉稍屈，两掌心微下复随转体向左抹转半个平面椭圆形，两掌高与肩平；眼神随转体向前平视转移，稍先于左掌到达左方，但眼神须要顾及右手。（图 18—19）

图 18　　　　图 19

动作二：身体微右转；两掌随转体向里经胸前向右弧形抹转半个平面椭圆形，两掌高与肩平；眼随转体平视转移，眼神要关顾右掌。（图 20）

动作三：重心全部移于右腿，左脚向里提起；同时身体右转。随重心右移时，右掌渐渐右伸，随伸随着五指尖下垂撮拢成吊手；身微左转；左掌向左弧形上移，随移随着臂外旋使掌心渐渐转朝里。眼神关顾左掌左移。（图 21）

图 20

图 21

动作四：身体继续向左微转，左脚向左迈出，先以脚跟着地，随着重心渐渐左移而至全脚踏实，弓左腿，蹬右腿，成左弓步。同时，右吊手继续松肩右伸；左掌经面前（距面部一市尺左右）左移，随移随着臂内旋将掌心翻朝前，即向左微微推出。眼平视左移，稍先于左掌到达左方，但眼神要关及左掌左推。（图 22）

图 22

要　点

1．图 18、19、20 中，两掌前后抹转一个平面椭圆形时须随腰转动，同时两肘（肘尖须下沉）也须圆活地随两掌抹转而屈伸。两臂转动时距离要相等，总须前手去，后手跟，“两膊相系”不散漫。当两掌向里抹转经胸前时要含胸转腰才能圆活。但含胸要注意不可凹胸，并要注意胸部不可平板，所以拳论说：“意气须换得灵，乃有圆活之趣。”

2. 上身要正直，避免前俯、后仰或向左歪斜。

3. 要“沉肩坠肘”和松腰胯。

4. 定式时两臂与腿（左臂与左腿、右臂与右腿）方向要一致，上下要垂直，避免右臂斜朝右前斜方；膝部不可超出脚尖。鼻尖、脚尖、手尖要三尖对齐。

5. 右吊手的腕关节要弯曲，使五指撮拢下垂，与右足尖成一垂直线。

第五式　提手上势

动作一：左脚尖里扣45度踏实，坐实左腿，身体渐渐左转；右脚提起，落于左脚前一步，以脚跟着地，脚尖自然微翘，右膝微弓，成右虚步。在转体时，右吊手仍变掌，与左

图 23

图 24

掌分别自左右坠肘，并随着向前合拢，右掌在前，高与眉齐，

掌心朝左；左掌在后，高与胸齐，掌心朝右，正对右肘关节。眼神通过右掌向前平视。成提手式。（图 23、24）

动作二：腰微左转，左胯根（股骨头关节）微内收，右脚提起；同时，左肘向左后撤，随撤随着臂内旋使掌心翻朝下；右掌也同时随转体自前而下向左前弧形移于左手下侧，随移随着臂外旋使掌心翻朝上；眼神稍顾左肘后撤，即转向前平视。（图 25、26）

图 25

图 26

图 27

动作三：右脚向前仍于原地落下，先以脚跟着地，腰渐左转，右脚尖以脚跟为轴渐渐里扣踏实，重心渐渐全部移于右腿，右腿屈膝下蹲坐实；在上步转腰的同时，右臂向前挤出，随挤随带肩靠，左掌附于右小臂里侧随右臂前挤。眼先随右臂前挤，即渐渐移视右掌。（图 27）

要　点

1. 由单鞭过渡到图 24 的两手动作是合劲，脚和手的动作要协调一致。

2. 做图 24 的姿势时，两肩和腰胯要放松，臀部不可凸出，身体应保持正直，胸部不可正对前方。脚跟虚点地面，脚尖微微抬起，不要翘得太高，右膝要微弓，不可挺直。要坐腕。重心应全部坐于左腿上。

3. 由图 24 开始向图 27 过渡时，由于左胯根内收，左腿要有继续微微下蹲的现象。在挤的同时须有靠的意思，但不可耸肩；身要正直，不可前俯。

第六式　白鹤亮翅

动作：左脚稍提起，移至右脚前（东），以脚尖点地，左膝微弓；身体向左微转。同时，右掌向前上提，随提随着臂内旋使掌心翻朝外；左掌也同时弧形下落于左胯旁。眼稍关及右掌上提，即向前平视，眼神要关及两掌。（图 28）

图 28

要　点

1. 由提手上势过渡到白鹤亮翅时要有朝上的气势，但右腿仍要下坐，要拔腰，这样就有着上下对拉、身肢拔长的感觉，但要注意不可形成挺腹；顶劲上领，精神就提得起；沉气落胯，下体就稳重；左脚尖要虚点地面，不可用来支撑身体。

2. 成白鹤亮翅式时，两臂要呈弧形，不可挺直；右掌虽在右额前上方，但不可抬肘、耸肩，要松肩沉肘、坐腕；身体仍须保持中正，不可前俯、后仰，不可挺胸、凸臀。

第七式　左搂膝拗步

动作一：腰微右转，右胯根微内收。随转腰，右肩下松，右肘下沉，自然地带动右掌弧形下落（经右胯侧），随下落随着臂外旋使掌心渐渐翻朝上；同时左掌也随转腰自左下向前而上（高与横膈膜齐）弧形右移。眼随转腰向前平视，眼神要关及右掌。（图 29—30）

图 29

图 30

动作二：左脚提起，上体继续向右微转；随转体，右掌弧形向右斜角上移，左掌继续向右弧形落于腹前；眼稍关及右掌即移顾左掌。（图 31）

图 31

动作三：左脚向前落下，先以脚跟着地，随着重心渐渐移向左腿而至全脚踏实，身体也同时渐渐左转，弓左腿，蹬右腿，成左弓步。同时，左掌随转体向下经左膝前以半圆形搂至左胯旁；

右掌也随着体重前移和身体左转继续弧形向上经右耳旁向前（东）推出。眼关及左掌搂过膝部即向前平视，眼神并要关及右掌前推。（图 32—33）

图 32

图 33

要　点

1. 两手必须随腰的转动而动作；腰部由右转变为左转时，切不可摇晃，因为一摇晃，上体势必或侧或倾或仰或俯，与“立身中正”的要求不符。向前迈步时，上体也仍要正直，避免前俯、后仰。在迈步过程中，因为只有下蹲的一腿作支撑，所以往往会为了照顾身体的平衡而把臀部凸出，这就不符合“敛臀”和“尾闾正中”的要求了，这点必须注意。定式时两手应该同时到齐，不要一只手已停着，另一只手还在运转。

2. 由图 30 过渡到图 31 时，右掌自下向右上移要与左脚提起一致；体左转、变弓步与右掌推出要一致。整个搂膝拗步动作要做得协调、圆满、柔和，不可有滞顿或棱角的现象。

3. 右肩往下松沉时，不可形成右肩低左肩高的现象。整套动作中双肩须平齐。

4．凡搂膝拗步中搂膝的一臂要呈弧形，避免伸直；推出的右掌，要微微旋转而推出，但到定式时，掌心不可正对前方，须稍朝左斜；两掌要坐腕。

第八式　手挥琵琶

动作：重心渐渐全部移于左腿（如前所述，弓腿的一足负担重心约百分之七十，要完全落实），右脚稍提起，向前距原地一脚许落下，重心渐渐全部移于右腿，身体渐渐右转；右脚稍提起，向前也距原地一脚许落下，以脚跟着地，脚尖微抬，膝微弓，成左虚步。同时，左掌随转体向前弧形上举，随举随着臂稍外旋使掌心朝右，食指高与眉齐；右掌也同时随转体向下后撤，臂稍外旋使掌心朝左，收于左肘里侧，两掌心前后遥对，如抱琵琶状。眼通过左掌向前平视。（图 34－35）

图 34　　图 35

要　点

1．由搂膝拗步变为手挥琵琶时，重心前移和后坐都要求上体正直，不可前俯或后仰。

2. 右掌后撤收回时，要以腰为轴，要松肩、坠肘、沉腕这样节节贯串地收回；要以身领手，不可先将右掌撤回而不顾肩肘部分。

3. 左掌上举要带弧形，右臂也不可挺直。

4. 做手挥琵琶动作时要有下沉的气势，但精神仍要具有轻灵活泼的意思。

5. 同前提手上势要点 2，惟左右式相反。

第九式　左右搂膝拗步

（一）左搂膝拗步

动作一：腰微右转，右胯根微内收。随转腰，右肩下松，右肘下沉，自然地带动右掌弧形下落经右胯侧，随下落随着臂外旋使掌心渐渐翻朝上；同时左掌也随转腰自前弧形向右下移，随移随着臂内旋使掌心翻朝下。眼随转腰向前平视转移，眼神要关及右掌。（图 36）

动作二、三：同前左搂膝拗步动作二、三。（接图 31—32 再接 37）

图 36

图 37

要点同前左搂膝拗步。

（二）右搂膝拗步

动作一：左脚以脚跟为轴，脚尖外撇45度，身体渐渐左转。随转体，左掌渐渐弧形向左后移，随移随着臂外旋使掌心翻朝上；同时右掌也随转体自前弧形向左下移，随移随着臂内旋使掌心翻朝下。眼随转体向前平视转移，眼神要顾及左掌。（图38）

动作二：重心渐渐全部移于左腿，右脚向前提起，身体继续微左转；随转体，左掌弧形向左斜角上移，右掌继续向左弧形落于腹前；眼神稍关左掌即移顾右掌。（图39）

图38

图39

动作三：右脚向前落下，先以脚跟着地，随着重心渐渐移向右腿而至全脚踏实，身体也同时渐渐右转，弓右腿，蹬左腿，成右弓步。同时，右掌随转体向下经右膝前以半圆形搂至右胯旁；左掌也随着重心前移和身体左转继续弧形向上经左耳旁向前（东）推出。眼一关及右掌搂过膝部，即向前平视，眼神并要关及左掌前推。（图40—41）

要点与左搂膝拗步同，惟左右式相反。

图 40

图 41

图 42

（三）左搂膝拗步

动作与前右搂膝拗步相同，惟左右式相反。（图 42 接 31—33）

要　点

1. 同前搂膝拗步要点。

2. 练习该拳套时，其步型中弓步、虚步的两脚不可站在一条横线上，如  状，这样容易产生重心不稳和别扭的现象；必须后一脚与前一脚彼此稍微离开横线，左弓步须如 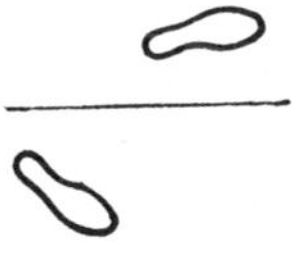 状，右虚步须如 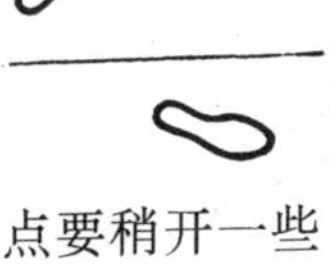 状。所以每当上步或退步时就应注意落步的地点要稍开一些，才显得平稳。“向前退后乃能得机得势”（引

自《太极拳论》）这句话，也包括步型与步法的正确性在内。

第十式　手挥琵琶

动作和要点皆与第八式“手挥琵琶”相同。（图 34—35）

第十一式　左搂膝拗步

动作和要点皆与第九式“左右搂膝拗步”中（一）左搂膝拗步相同。（图 36 接图 31—32 再接图 43）

第十二式　进步搬拦捶

图 43

动作一：左脚尖外撇 45 度，身体渐渐左转，随即重心渐渐向前移于左腿，右脚跟离地（开始上步）。随转体，右掌弧形向左下（低与胯齐）移，随移随变拳并随着臂内旋使拳心朝下；左掌也随转体向左后移。眼神关及右手下移，但不可低头。（图 44）

图 44

图 45

动作二：重心渐渐全部移于左腿，右脚向前提起。同时，右拳自右前向左下绕；左掌向左而上划弧，高不超过耳部，随划弧随着臂内旋使掌心翻朝右面下方。眼稍关右拳向左下绕，即渐渐转向右平视。（图 45，反面参看图 99）

动作三：右脚向右前（东南）斜方迈出一步，先以脚跟着地，随即脚尖外撇踏实，重心渐渐全部移于右腿，左脚提起；身体同时渐渐右转。随转体，右拳自左而上经胸前向前搬出，随搬随着臂外旋使拳心渐渐翻朝里面上方，随即渐渐向下弧形抽回；左掌也同时随转体弧形向右经右臂里侧前拦，掌心朝右。眼神关顾左掌前拦。（图 46—47，反面参看图 100—101）

图 46

图 47

动作四：左脚前上一步，先以脚跟着地；同时身体继续右转；随转体，左掌继续向前探出，右拳弧形收回于腰际，拳心朝上；眼向前平视，眼神要关及左掌前探。（图 48，反面参看图 102）

动作五：随即重心渐渐移于左腿，左脚渐渐全脚踏实，弓左腿，蹬右腿，成左弓步；同时身体渐渐左转。随转体，右拳向前打出，虎口渐渐转朝上；左掌微里收，坐腕，指尖斜向上前，附于右小臂里侧。眼向前平视，眼神要关及右拳打出。（图 49，反面参看图 103）

图 48

图 49

要　点

1. 在连续进步时，要求“迈步如猫行”，并要求速度均匀，上下相随；上身要正直，不可歪斜和仰俯；右脚前上一步时要比一般步型更开得阔一些，并要避免上体随右脚上步而向右倾斜。

2. 步法和手法要随腰转动；右拳搬出时不可离身体太远，并注意不可抬肘；右拳打出时要随腰转动，并随打随着臂微内旋，使虎口转朝上；右拳打出时中间经由心口向前打出，这叫做“拳从心发”。

3. 练该拳套时，拳要自然握实，不可用力握紧。

第十三式　如封似闭

动作一：右腿弯屈，重心渐渐向后移到右腿。同时，左掌经右肘下向右外伸，并沿右臂向前掠出，随掠随着臂外旋使掌心翻朝里；右拳变掌，沉肘向里弧形抽回，随撤随着臂外旋使掌心也翻朝里，两掌高与肩平，指尖朝上，两臂交叉，右臂在里。眼神关顾两掌。(图 50—51)

图 50

图 51

动作二：重心继续后移，坐实右腿；两掌向左右分开，稍狭于肩，随分随着两臂内旋渐渐使两掌心翻相对。(图 52)

动作三：重心渐渐前移，弓左腿，蹬右腿，成左弓步；同时两掌向前按出，随按随着两臂继续内旋使掌心翻至斜朝前，手腕高与肩平；眼向前平视，眼神要关及两掌前按。(图 53)

图 52

图 53

要　点

1. 两臂须随身体后坐回收；两臂交叉时要避免两肩缩拢或耸起；要松肩坠肘，两肘略分开，腋下须留有余地，约可容一拳，但肘部不可外凸或抬起；同时两肘不可后撤到身体后方，以免把自己困住。

2. 重心后移要坐实右腿，松腰胯，不要做成重心没有后移，单是仰身；后坐仍要保持上体正直。重心前移和后退时，要注意胸、腹的齐进齐退，不先不后，身法就能保持中正，不致形成前俯后仰。

3. 同前揽雀尾中按式要点 1、2。

第十四式　十字手

动作一：左脚尖里扣，同时身体右转；随转体，两肘弯屈分开，带动两掌移至额前（距额部约本人两拳左右）；随移随着两臂微内旋使掌心朝前，两臂呈环形；眼随转体通过两掌之间向前平视。（图 54）

图 54

动作二：重心全部移于左腿，右脚脚跟先离地，渐至全脚提起左移（与肩同宽），以脚尖先着地渐渐全脚踏实；随即重心右移，两腿渐渐起立，两膝微屈，成开立步；随着重心左移，两掌分别自左右而下经腹前向上划弧合抱交叉于锁骨前，右掌在外，交叉点距锁骨约本人两拳半；两掌经腹前时，即随划弧随着两臂外旋使掌

心渐渐翻朝里；眼先关及两掌划弧，当两掌将要交叉时即向前平视。（图 55—56）

图 55

图 56

要 点

1. 当左脚尖里扣渐至踏实时，右脚跟即渐渐离地提起，须象翘翘板一样此伏彼起。这也是步法中分清虚实的锻炼方法的一种。当右脚一踏实，就接做下一动，即左脚尖里扣。

2. 整个十字手的动作，要上下相随，要同时开始动作，同时完成，务求协调一致。

3. 十字手的两臂须呈环形，须松肩沉肘，不可耸肩抬肘。

4. 两腿起立时，身体各部都须放松。

第十五式　抱虎归山

（一）右搂膝拗步

动作一：左脚尖里扣踏实，两腿渐渐屈膝下蹲，随着重心移于左腿，右脚渐渐提起（脚跟先离地）；同时身体右转。随转体，左掌自胸前下抽，向左弧形举至与左肩齐平，掌心

朝上；右肘下沉自然带动右掌下移，随移随着臂内旋使掌心翻朝下。眼先关及左掌左举，即转向右平视。(图 57—58)

图 57

图 58

动作二：右脚向右前（西北）斜方迈出，先以脚跟着地，随着重心渐渐移于右腿而至全脚踏实，弓右腿，蹬左腿，成右弓步；身体继续右转；随转体，右掌继续向下经膝前搂至右胯旁，左掌自左而上经左耳旁随转体向前推出；眼稍关右掌搂膝即向前平视，眼神并要关及左掌前推。(图 59—60)

要点同前搂膝拗步。

图 59

图 60

（二）捌式

动作一：重心渐渐移向左腿，身体渐渐左转。同时，左肘下沉，左臂外旋使掌心翻朝里上；右掌自右胯旁弧形向前经左臂里侧举于左掌前，掌心朝外下。（图 61）

图 61

图 62

动作二：与前第三式“揽雀尾”（二）捌式动作二相同，惟方向不同，前揽雀尾的弓步、虚步是朝着正西方，此动作以及后面挤、按各动作是朝西北斜方进行的。（图 62）

要点与第三式“揽雀尾”（二）捌式要点相同。

（三）挤式、按式

图 63

图 64

动作和要点皆与第三式“揽雀尾”（三）挤式和（四）按式相同，惟方向不同。（图 63—67）

图 65

图 66

第十六式　肘底看捶

图 67

动作一、二同第四式“单鞭”动作一、二（图 18—20），惟方向正斜不同。（图 68—70）

动作三：重心全部移于右腿，身体微左转，左脚提起向左后（正东）方摆出。随转体，左掌向左弧形平移，随移随着臂外旋使掌心翻朝里；右掌也紧跟着向左弧形平移，随移随着臂外旋使掌心翻朝前；两肘稍沉、微屈，使两掌心遥对。眼神关及左掌左移。（图 71）

动作四：左脚向左（东）落下，重心渐渐全部移于左腿，身体继续左转；右脚提起，向前微移落下，重心即渐渐移于右腿；随转体，两掌弧形向左平移，左掌移至左侧时即弧形

图 68

图 69

图 70

图 71

向左下移，两臂随移随着内旋使两掌心翻朝下；眼神先关及左掌左移，当右掌将移至胸前时即顾右掌。（图 72—73）

动作五：重心全部移于右腿，左脚略提，稍移向左前落下，以脚跟着地，身体继续向左微转。随转体，左掌自左而下向里经右前臂内侧向前上圆转穿出，掌心朝右，食指高与眉齐，与鼻尖对准；右掌向左经左掌外侧下盖，随盖随着握拳，置于左肘下，拳眼朝上，拳心朝里。眼稍关左掌向左下

绕，当左掌经右臂里侧将要穿出时，即向前平视，眼神仍要关及左掌穿出。（图 74）

图 72

图 73

图 74

要　点

1. 自抱虎归山过渡到肘底看捶的动作须根据“一动无有不动，一静无有不静”和“绵绵不断”的要求进行，勿使有棱角和停顿处，要做得圆满、协调。步法和手法均须随腰转动。两脚不要双重，要此起彼落，象翘翘板一样。

2. 当两掌向左平移时，要注意勿使右掌荡下，在平移过程中右掌须坐腕；平移时左手去、右手跟，距离要均等。

3. 做图 74 的姿势时，左膝要自然微弓；注意两肩不要上耸，松腰胯；两臂须呈弧形，不可挺直；胸部不要正对前方，要侧朝右前斜方；左掌要坐腕。

第十七式　左右倒撵猴

（一）右倒撵猴

动作一：身体右转，右胯根内收，左脚尖仍稍离地。同时，左掌向前微伸；右拳变掌自左肘下经腹前向右下弧形抽

至右胯旁，随抽随着臂外旋使掌心渐渐翻朝上。眼关左掌前伸。（图 75）

动作二：重心渐渐全部移于右腿，左脚经右踝内侧提起；身体继续向右微转；同时，右掌向后稍偏右弧形举至与肩齐，左臂外旋使掌心渐渐翻朝上；眼神关顾右掌后举。（图 76）

图 75

图 76

动作三：左脚后退一步，先以脚尖着地，随着重心渐渐移于左腿而至全脚踏实（脚尖朝东北）；身体渐渐左转；右脚

图 77

图 78

尖随即移向前方(东);随转体,左掌弧形向后抽回于左胯旁,右掌弧形向上经右耳侧向前推出;眼随转体向前平视转移,眼神要关及右掌前推。(图 77—78)

（二）左倒撵猴

动作与前右倒撵猴动作二、三同，惟左右式相反。(图 79—81)

（三）右倒撵猴

动作与前右倒撵猴动作二、三相同。(接图 76—77 再接图 82)

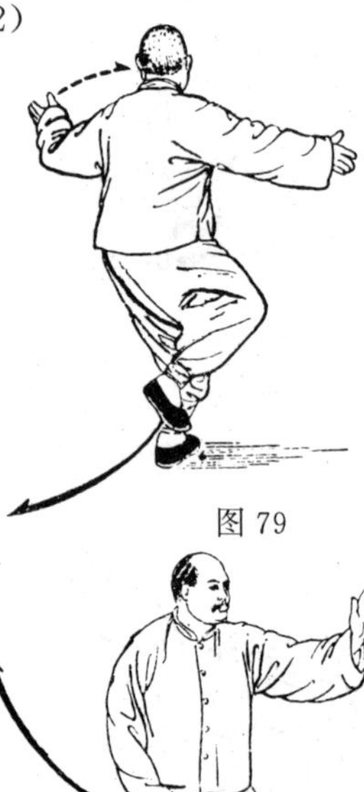

图 79

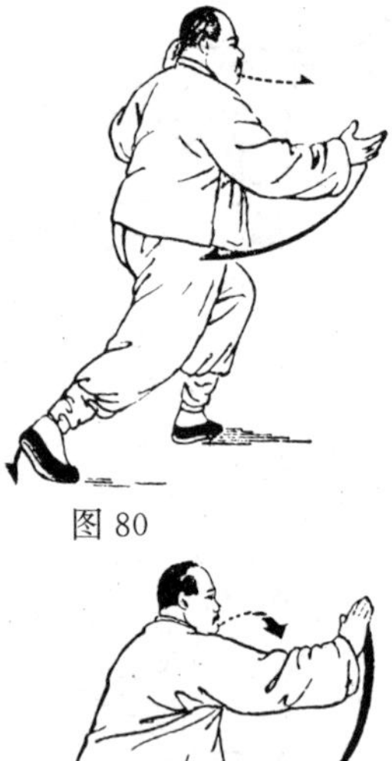

图 80

图 81

图 82

要　点

1. 在连续退步时要注意，两脚不要踏在一条线上，要稍离开些。当一腿提起准备退步时，另一支撑腿不可起立，须仍保持虚步时的高度；注意上体不要前俯。

2. 当一掌后抽时，须经胯旁，初学者往往做成经肋旁，那样手臂就成直角而不成弧形，就显得不宽舒和别扭。

3. 按上述倒撵猴动作是三个，即退三步。为了加大运动量也可以做五或七个（必须逢单数才能衔接下一拳式），但是如果倒撵猴五或七个，后面的“云手”也必须相应地增加为五或七个，否则收势时就会收不回原地。

第十八式　斜飞式

动作一：重心渐渐全部移于左腿，右脚向后提回。同时，左掌自左而上向右划弧，屈臂置于左胸前，掌心朝下，手与肩平，臂呈弧形，肘部微坠；右掌自前而下经腹前向左划弧，掌心朝上，与左掌相对合抱。眼神关顾左掌划弧。（图 83）

图 83

图 84

动作二：身体右转；同时右脚向右后（南稍偏西）方迈出一

步，先以脚跟着地，随着重心渐渐移向右腿而至全脚踏实，弓右腿，蹬左腿，成右弓步。随转体，右掌以大拇指一侧向右后上方挒出，高与额齐；左掌向左弧形下采，高与胯齐，掌心朝下。左脚尖随右手挒出向里扣。眼随转体平视转移，眼神要关及右掌挒出。（图 84—85，附图 85 的侧面图）

图 85

图 85 侧面图

要　点

1. 右脚向右后方迈步时，身体平衡较难掌握，往往右脚落地时显得笨重；须坐实左腿，松腰胯，先转腰，随转腰向右后渐渐迈出，才会显得轻灵，同时可避免上体前俯。

2. 左臂在两掌合抱时须含有掤意，右掌向右后上方挒出时，劲要起于脚，发于腿，主宰于腰，通于脊背，由肩到肘，由肘到手，节节贯串地挒出，身、手、步协调，说到一齐俱到，不先不后；不要单以手挒出，丢开其他部分不管，就达不到“上下相随”和劲路上的要求。挒出时右臂要微屈。

3. 由于右脚迈步较难掌握，所以还要注意速度上的均匀，避免产生停顿的现象。

第十九式　提手上势

动作一：重心全部移于右腿，左脚稍提起，向前距原地一脚许落下，重心渐渐全部移于左腿；身体微左转；右脚稍提起，也向前距原地一脚许落下，以脚跟着地，脚尖微抬，膝微弓，成右虚步。同时，左掌弧形向前上移，右掌沉肘微里收，与左掌向胸前合拢，右掌在前高与眉齐，掌心朝左；左掌高与胸齐，掌心朝右，正对右肘关节。眼通过右掌向前平视。(图 86—87)

图 86

图 87

动作二、三与前第五式“提手上势”动作二、三相同。(接图 25—27)

要　点

1. 由斜飞式过渡到图 87 的动作，腰部以及上下肢动作要同时开始，同时完成。

2. 与前第五式“提手上势”要点同。

第二十式　白鹤亮翅

动作和要点皆与第六式“白鹤亮翅”相同。(参见图 28)

第二十一式　左搂膝拗步

动作和要点皆与第七式“左搂膝拗步”相同。（参见图29—33）

第二十二式　海底针

动作一：重心渐渐全部移于左腿，右脚提起，向前距原地一脚许落下；重心渐渐全部移于右腿，左脚提起。当重心前移于左腿时，右臂外旋使掌心转朝左，左掌随重心前移向前上微荡；随重心后移和身右转，屈右肘，右腕向里提回，左掌也同时沉腕。眼神关顾右腕提回。（图88—89）

图88

图89

图90

动作二：左脚略里收落下，以脚尖点地，成左虚步；腰向左转，坐实右腿，左胯根内收，折腰下沉；同时，右掌随转腰向前下插，左掌弧形下落于左胯旁；眼前视，眼神要关顾右掌下插。（图90）

要　点

1. 左脚提起，略里收落下时，右腿要渐渐下蹲，左脚尖渐渐落下虚点地面，重心须全部由右腿支撑。

2. 右腕向里提回时要防止耸肩抬肘。

3. 做海底针时，左掌似乎没有很明显的动作，因此初学者往往把左掌的动作忽略掉，其实左掌必须随重心前移、后坐和转腰进行动作，否则就不符合“一动无有不动”的要求。另外，两臂不可伸直，须微屈。

4. 右掌向前下插要随右腿下蹲和折腰而动作，并要以肩催肘、肘催手，节节贯串地下插。

5. 折腰时，自颈椎至腰脊要保持成一直线，不可低头、弓背。眼视右掌前方，但不可把头抬起。要注意顶劲和沉气，上下一气贯通。

第二十三式　扇通背

动作一：身体右转并直起，左脚提回。同时，右掌由体前上提，随提随着臂内旋使掌心翻朝右；左掌自左胯旁向胸

图 91

图 92

前上提，掌心朝右，手指朝上。眼神关顾右掌上提。（图 91）

动作二：左脚向前迈出一步，先以脚跟着地，随着重心移向左腿渐至全脚踏实，弓左腿，蹬右腿，成左弓步。同时，右臂继续微内旋、屈肘，右掌弧形上托，置于右额前，掌心朝外；左掌沿右臂向前平推。眼向左平视，眼神要关及左掌前推。（图 92）

要　点

1. 左脚前迈时右腿要坐实，不可站起，落步时不可太快，速度要均匀，并防止身体摇晃和前俯后仰。

2. 变左弓步、左掌前推与右掌上托三动作要一致。

3. 右掌上托要防止耸肩抬肘；左掌推出时，掌心不可正对前方，并要坐腕。

4. 做扇通背的动作时往往容易挺胸、直臂，这就会不符合“劲以曲蓄而有余”的要求，同时也不符合“含胸拔背”的要求。所谓“劲以曲蓄而有余”，就是要使动作还有伸展的余地，因此做太极拳的任何动作时手臂与两腿都不可伸直或挺直。弧形要求圆满，处处要有能“八面支撑”的意思。

第二十四式　撇身捶

动作一：左脚尖里扣踏实，身体同时微右转。随转体，右掌自右前而下（握拳）划弧置于肋前，屈肘横臂，拳心朝下；左掌弧形上举于左额前上方。眼神稍关右手划弧，即随转体平视转移。（图 93）

动作二：重心全部移于左腿，右脚提起，身体继续右转；同时，左掌随转体向右而下经右小臂外侧弧形落下，右拳向右前撇；眼随转体平视转移，眼神要关及两手动作。（图 94）

图 93

图 94

动作三：右脚向前（稍偏右）落下，先以脚跟着地，随着重心移向右腿渐至全脚踏实，弓右腿，蹬左腿，左脚尖微里扣，成右弓步；身体继续右转。同时，右拳继续随转体向前弧形下撇，收于腰侧，拳心朝上；左掌弧形收至胸前经右小臂里侧上方向前推出。眼向前平视，眼神要关及左掌前推。(图 95—96，撇身捶整个过程图的反面可参看图 143—147，彼此动作完全相同)

图 95

图 96

要　点

1. 手法和步法要随腰转动，并要协调一致。

2. 右脚落步时不要与左脚踏在一条线上，并注意右脚尖要正对前方，不要外撇。

3. 图 93 的姿势在动作过程中要清楚、正确地显示出来，不要胡乱地划过去，但也不可因此停顿。

第二十五式　进步搬拦捶

动作一：重心渐渐移向左腿，身体左转。同时，左肘随转体下沉，左臂外旋使掌心渐渐翻朝上；右拳臂内旋向前上伸于左掌上侧，拳心朝下。眼神关顾右拳前伸。（图 97）

动作二：重心继续移向左腿，身体继续左转，两手随转体向左移。（图 98）

图 97

图 98

图 99

动作三：重心渐渐全部移于左腿，右脚提回。同时，右拳自右前方向下经腹前向左绕，随向左缓缓划绕，拳心转朝下；左掌向左而上（高不超过耳部）划弧，随划随着臂内旋使掌心翻朝右面下方。眼稍关顾两手划绕，即渐渐转向右平

视。(图 99)

动作四、五、六与第十二式“进步搬拦捶”动作三、四、五相同，惟方向不同：该式为向西进步，前面的进步搬拦捶为向东进步。(图 100—103，反面同图 46—49。整个进步搬拦捶的过程图，反面还可参看图 148—154)

图 100

图 101

图 102

图 103

要 点

1. 此式与前面的进步搬拦捶各在其承上的衔接动作上不同，前面的“进步搬拦捶”是上承左搂膝拗步，而该式是从撇身捶过渡而来，前式图 45—49 与该式图 99—103 同。

2. 与前进步搬拦捶要点相同。

第二十六式　上步揽雀尾

动作一：左脚尖外撇踏实，重心渐渐全部移于左腿，右腿向前提起；身体左转。随转体，左肘向左后撤下沉，自然带动左掌下移于左胸前；右拳变掌自前而下向左弧形抄至腹前，随抄随着臂外旋使掌心翻朝左面上方，与左手成抱球状；两臂皆呈弧形。眼略顾左小臂，即转向右臂前方平视。（图 104 接图 7）

以下掤、搌、挤、按的动作与第三式“揽雀尾”——即自（一）左右掤式动作四起，至（四）按式止——相同。（图 8—17）

要点与第三式“揽雀尾”同。

图 104

图 105

第二十七式　单鞭

动作和要点均与第四式“单鞭”同。（图 18—21 接图 105）

第二十八式　云手

动作一：左脚尖里扣踏实，身微右转。同时，右吊手变掌自右而下划弧；左掌随转体稍向前下移，屈臂沉肘，手与肩平，掌心朝下。眼神关及右掌下移。（图 106—107）

图 106

图 107

动作二：重心渐渐全部移于左腿，右脚向左提起（脚跟先离地）；身微左转。右掌随转体自右下向左弧形运转，掌心朝里；左掌也同时向左上弧形运出，随运随着臂内旋使掌心渐渐翻朝下；此时右掌也运至近左腕。眼随转体平视转移，眼神要关及右掌左运。（图 108）

动作三：右脚向左半步落下，先以脚尖着地，随着重心渐渐右移而至全脚踏实；身体同时微右转。右掌随转体自左而上（高处与眉齐）向右运转，掌心仍朝里；左掌也同时自左而下向右运，随运随着臂微外旋使掌心渐渐转朝里（稍斜朝上）。眼神随转体关顾右掌右运。（图 109）

动作四：重心渐渐全部移于右腿，左脚提起（脚跟先离地）；身体继续微右转。同时，右掌随转体向右弧形下运，随运随着臂内旋使掌心渐渐翻朝下；左掌继续向右上运，向右

接近右腕。眼神关及右掌右运。(图 110)

动作五：左脚向左横跨半步，先以脚尖着地；随着重心渐渐左移而至全脚踏实；身体同时左转。左掌随转体继续自右而上经面前（高与眉齐）向左运；右掌继续自左而下弧形左运，随运随着臂微外旋使掌心渐渐转朝里（稍斜朝上）。眼随转体平视转移，眼神要关及左掌左运。(图 111)

图 108

图 109

图 110

图 111

动作六：重心渐渐全部移于左腿，右脚向左提起（脚跟先离地）；同时身微左转。右掌随转体继续自下向左弧形向上运；左掌继续自上而左弧形向下运，随运随着臂内旋使掌心渐渐翻朝下。眼神关顾左掌左运。（接图 108）

图 112

动作七、八、九、十是重复动作，与动作三、四、五、六同。（图 109—111 再接 108）

动作十一、十二、十三、十四仍是重复动作，与动作三、四、五、六同。（图 109—111 再接 108）

动作十五同动作三。（接图 112）

要　点

1. 云手时，身体转动要以腰脊为轴，要徐徐转动，不可胡乱摆动，上体不可倾斜，要保持“立身中正”。

2. 两臂要随腰运转，要自然、圆活。经下面向左或右向上运时要含有上抄之意；运转到上面的左或右肘不可抬起，小臂要松松掤住而运转。两臂一上一下，一左一右，更迭运转：左手为主时，右手相随；右手为主时，左手相随；不散漫，不僵滞。

3. 脚提起时要脚跟先离地，踏下时要以脚尖先着地；当踏下的脚跟一经踏实，另一脚的脚跟即离地，要此伏彼起，象翘翘板一样。

4. 自动作三到六为一个云手，后面又有两个是重复动作，共为三个云手。在上述倒撵猴的要点中已经提到，如果场地宽阔而要加大运动量，将倒撵猴重复为五或七个，则云手也要从三个增为五或七个，然后再接着做动作十五，由动作十五（图 112）再接下一拳式“单鞭”。

第二十九式　单鞭

动作一：重心渐渐全部移于右腿，左脚提起（脚跟先离地）；身体继续微右转。同时，右掌随转体向右弧形下运，随运随着臂内旋使掌心渐渐翻朝下，并随着五指下垂撮拢成吊手；左掌继续经右上（向右接近右腕）左运，随运随着臂外旋使掌心翻朝里。眼稍关右掌右运，即移顾左掌。（图 113—114）

图 113

图 114

动作二与第四式“单鞭”动作四相同。（图 115）

要点与第四式“单鞭”相同。

第三十式　高探马

动作一：重心渐渐移于右腿，左脚尖随重心后移自然离地。同时，右吊手变掌，屈右肘，弧形移至右肩前；左臂外旋使掌心渐渐翻转为斜朝上。眼神关顾左掌翻转（图 116）。

图 115

图 116

动作二：重心全部移于右腿，左脚提回，向里半步落下，以脚尖点地，右腿同时渐渐起立（膝部仍微屈），成高式左虚步；身体随着渐渐左转。随转体，右掌稍向左经左臂上侧弧形前探，手指斜朝左面前方，掌心朝下，高与眉齐；左掌经右臂下侧向下弧形收于左腰前，手指斜朝右面前方，掌心朝上。眼向前平视，眼神要关及右掌前探。（图 117—118）

图 117

图 118

要　点

1. 当重心移向右腿时（图 116），要坐实右腿，要以左胯根渐渐里收来带动左脚提起，同时上体不可后仰；当左脚一经离地收回，右腿即渐渐起立，顶劲要具有冲霄之意，沉气于小腹，有上下对拉，拔长身肢之意。

2. 两臂要呈弧形。右掌前探时不可耸肩。要拔腰，但不可挺胸或弓背。右臂不可挺直；手指不可朝前，朝前就会失掉坐腕的意思。

第三十一式　左右分脚

（一）右分脚

动作一：重心渐渐全部移于右腿，右腿渐渐下蹲，左脚提起；身体随着微右转；同时，右掌随转体向右弧形往里抹转，左掌向左弧形前抹；眼神关顾右掌右抹。（图 119）

图 119

图 120

动作二：左脚向左前（东北）斜方迈步，先以脚跟着地，随着体重渐渐移向左腿，弓左腿，蹬右腿，成左弓步；身体继续微右转。同时，左掌自左而前向右经右臂下侧向里抹转大半个平圆，左臂横屈成弧形，左掌横置于右胸前、右肘旁，掌心斜朝里上；右掌自右而里向左经左臂上侧向前抹大半个平圆，即向右前（东南）斜方探出，掌心斜朝左前，指尖斜朝上。眼神关顾右掌抹转探出。（图 120—121）

图 121

图 122

动作三：重心渐渐全部移于左腿，右脚向前提起；身体随着微左转。同时，左掌微向前方上移；右掌自右而下弧形抄至左掌外侧，随抄随着臂外旋使掌心翻朝里；两手交叉，左掌在里。眼神关顾两掌交叉。（图 122）

动作四：左腿渐渐起立（膝仍微屈），右脚向右前（东南）斜方分出，脚面自然绷平，高与胯平；同时，两掌向左右分开，掌心皆转朝外，指尖朝上。眼神关顾右掌分出，并通过右掌向右平视。（图 123—124。附图 124 的侧面图，系按杨澄甫原照所绘，由于该图当时没有摄成斜角，而摄成侧面，今仍将该图列入，一方面可给读者看到杨氏原来姿势，另一方面也可作侧面图参考。后面还有几幅图也因类似原因作为附图，后文不再说明）。

图 123　　图 124　　图 124 的侧面图

要　点

1. 两掌各抹转一个平圆时，臂要呈弧形，肘部稍沉，抹转平圆要均匀。右臂在抹转后探出时也不可挺直。

2. 两掌合抱交叉后仍须随左腿起立而柔和地向上向外微移，才显得轻灵、沉着。如果左腿起立时两掌交叉着不动，就会产生呆滞现象。合抱时两掌腕部不可松懈地弯屈。

3. 两手分开要和右分脚一致。同时两臂也不可伸直，要微屈肘使前臂稍向身前方弯屈；肘部也须略沉，低于腕部，并要坐腕。

4. 分脚时身体要稳定，不可俯、仰、倾、侧；两肩不可为了保持身体平衡而紧张，仍须松肩。只有“虚灵顶劲”和“气沉丹田”才会使身体易于保持平衡。

（二）左分脚

动作一：右脚下落，左腿渐渐下蹲，身微右转。同时，左掌屈肘右抹，随抹随着臂内旋使掌心渐渐翻朝下；右掌自右

向前抹，随抹随着臂外旋使掌心渐渐翻朝上。（图 125）

动作二、三、四同前右分脚动作二、三、四，惟左右式相反，右分脚方向为东北，左分脚方向为东南。（图 126—130）

图 125

图 126

图 127

图 128

图 129

图 130

要点与前右分脚同，惟左右式相反。

第三十二式　转身蹬脚

动作一：左脚落下，左膝微提，以右脚跟为轴，身体迅

速向左后转；同时两掌向胸前合拢交叉，左掌在外，两掌心皆朝里；眼随转体平视转移。（图 131—132）

图 131

图 132

动作二：两掌向左右分开；同时左脚以脚跟慢慢向左蹬出，脚尖朝上，右腿随着左脚蹬出渐渐起立，右膝仍微屈；眼关左掌分出，并通过左掌向左平视。（图 133）

图 133

要　点

1. 同前右分脚要点 3、4。

2. 左腿须随转身收回，不可着地；要“含胸拔背”，不可后仰。

3. 左脚蹬出时要以脚跟为着力点。

注：杨澄甫老师原来的分脚、蹬脚，都是提膝后迅速踢出，劲透脚尖或脚跟，踢出时都有风声，后来他改为缓缓踢出或蹬出。

第三十三式　左右搂膝拗步

（一）左搂膝拗步

动作一：左脚收回，右腿渐渐下蹲。同时，左掌向右经左胸前向左下弧形下搂；右掌弧形移至右耳侧，随移随着臂外旋、沉肘使掌心斜朝面部。眼神稍关左掌下搂，即转向左视。（图 134）

动作二：左脚向前落下，先以脚跟着地，随着重心渐渐移向左腿而至全脚踏实，身体同时渐渐左转，弓左腿，蹬右腿，成左弓步；同时，左掌随转体向下经左膝前搂至左胯旁，右掌也随重心前移和身体左转而向前（西）推出；眼向前平视，眼神要关及右掌前推。（图 135）

图 134

图 135

（二）右搂膝拗步

动作与第九式“左右搂膝拗步”（2）右搂膝拗步动作相同，惟方向相反，第九式是面朝东进行动作，此式是面朝西。（图 136—139，反面参看图 38—41）

要点　与前第九式“左右搂膝拗步”要点相同。

图 136

图 137

图 138

图 139

第三十四式　进步栽捶

动作一：右脚尖外撇踏实，身体渐渐右转，重心随着渐渐移于右腿，左脚（脚跟先离地）向前提起；同时，左掌随转体自前向右弧形下搂，右掌自右胯侧向右向后向前（变拳）划弧置于右腰侧；眼神关顾左掌下搂。（图 140—141）

动作二：左脚向前迈出一步，先以脚跟着地，随着重心渐渐移向左腿而至全脚踏实，弓左腿，蹬右腿，成左弓步；身体同时渐渐左转，沉腰落胯。随转体，左掌继续弧形而下经

图 140

图 141

左膝前搂至左膝旁；右拳向前面下方打出，低过于膝。眼向前视，眼神要关及右拳下打。(图 142)

图 142

要　点

1. 当左脚前迈脚跟尚未着地时，注意上体保持正直；当左掌搂过左膝时，上体随右拳下打折腰，并沉腰胯。但折腰时，自颈椎到腰脊仍要保持成直线，不可弓背、低头或抬头。

2. 眼视右拳前方，但不可抬头。

3. 两肘须微屈，不可挺直。

第三十五式　翻身撇身捶

动作一：左脚尖里扣踏实，身体同时直起、右转。随着转体，右拳屈肘横臂移于左肋前，拳心朝下；左掌自左而上弧形上举于左额前上方。眼随转体平视转移，眼神要关及两

手移动。（图 143）

动作二、三与第二十四式“撇身捶”动作二、三相同，惟方向相反。（图 144—146，反面参看图 94—96）

要点与第二十四式“撇身捶”相同。

图 143

图 144

图 145

图 146

第三十六式　进步搬拦捶

动作和要点皆与第二十五式“进步搬拦捶”相同，惟方向相反。（图 147—153，反面参看图 97—103）

图 147

图 148

图 149

图 150

图 151

图 152

图 153

第三十七式　右蹬脚

动作一：左脚尖外撇踏实，身体渐渐左转，坐实左腿，重心渐渐全部移于左腿，右脚向前提起（脚跟先离地）。同时，左掌随转体向左前上移，随移随着臂外旋使掌心转朝里；右拳变掌自右前而下向左弧形上抄，与左掌合抱、交叉，右掌在外，随抄随着臂外旋使掌心转朝里。眼向右前平视，眼神要关及两掌合抱。（图 154—155）

图 154

图 155

图 156

动作二：两掌向左右分开。同时，右脚以脚跟慢慢向右蹬出，脚尖朝上；左腿随右脚蹬出时渐渐起立，膝仍微屈。眼关顾右掌分出，并通过右掌向右平视。（图 156）

要　点

1. 与第三十一式“左右分脚”（一）右分脚的要点 3、4 相同。

2. 右脚蹬出时要以脚跟为力点。

第三十八式　左打虎式

动作一：右脚下落，左腿渐渐下蹲。左掌自左而前向右弧形平移，随移随着臂外旋使掌心渐渐翻朝里；右掌同时微下移，随移随着臂内旋使掌心渐渐转朝下。眼神关顾右掌。（图 157）

动作二：右脚落于左脚旁，两脚相距稍狭于肩，先以脚尖着地，随着重心渐渐移于右腿而至全脚踏实，左脚随即提起（脚跟先离地）；两掌随重心移于右腿向右继续下移，左掌经右肱前，随移随着左臂继续微外旋使掌心翻朝上；眼向前平视，眼神要关及两掌。（图 158）

图 157

图 158

动作三：左脚向左后（西稍偏北）斜方迈步，先以脚跟着地，随着重心移向左腿而至全脚踏实，弓左腿，蹬右腿，成左弓步；身体同时左转。随重心左移和转体，左掌自右肱前而下向左经左膝前向左（变拳）而上划弧，停于左额前上方，当左掌变拳自左而上划弧时，左臂内旋使拳心渐渐翻朝外；右掌变拳，随转体自右而前向左屈肘横臂置于胸前，拳心朝里，拳眼朝上，与左拳眼上下相对。眼先关左拳，当左拳将至左额前上时，即向前平视。（图 159—160，附图 160 的侧面图和正面图）

图 159

图 160

图 160 的侧面图

图 160 的正面图

要 点

1. 右蹬脚后，右脚下落时，左腿要相应地下蹲来控制右脚轻缓地着地，这样才符合既轻灵又沉着的要求；如果单是右脚落下，就显得平板呆滞。

2. 左脚迈步时要注意“迈步如猫行”的要求，同时上体要保持正直。

3. 两手过渡为打虎式时，弧形要走得圆，不要有棱角。上下肢要相随一致。

4. 当左手经过左膝前时，掌心朝上要有搂膝之意。

5. 成打虎式时，两臂要呈弧形，圆满地曲蓄，肩部防止上耸。

第三十九式　右打虎式

动作一：左脚尖里扣踏实，身体渐渐右转，坐实左腿，右脚渐渐提起，脚跟先离地。同时，左拳变掌弧形向左下落，掌心朝下；右拳变掌，臂外旋使掌心翻朝上，移于左肱前。眼稍关左掌，即随转体平视转移。（图 161）

动作二：重心渐渐全部移于左腿，身体继续右转，右脚向里提起，然后向右前（东南）斜方迈步，先以脚跟着地，随着重心渐渐移向右腿而至全部踏实，弓右腿，蹬左腿，成右弓步。随转体和重心右移，右掌自左肱前而下经右膝前向右（变拳）而上划弧，停于右额前上方，当右掌变拳自右而上划

图 161

图 162

弧时，右臂内旋使掌心渐渐翻朝外；左掌同时变拳随转体自左而前向右屈肘横臂置于胸前，拳心朝里，拳眼朝上，与右拳眼上下相对。眼先关右拳，当右拳将至右额前上时，即向前平视。（图 162—163）

图 163

图 163 的侧面图

要点与左打虎式相同，惟左右相反。

第四十式　回身右蹬脚

动作一：左脚以脚掌为轴，脚跟里磨踏实，身体渐渐左转，重心随着左移；同时，左拳随转体向左平移，右拳向右弧形下移（此时两拳已开始松开）；眼随转体平视转移。（图 164）

动作二：重心渐渐全部移于左腿，身体继续微左转，右脚提回；同时，两拳变掌，左掌向左前上伸，右掌向下经腹前向左与左掌合抱交叉，左掌在里，掌心皆朝里。眼稍顾左掌上伸即转向前平视。（图 165）

动作三与第三十七式“右蹬脚”动作二相同。（图 166）

要点与前“右蹬脚”相同。

图 164

图 165

第四十一式　双峰贯耳

动作一：右脚下落，右膝提起，以左脚掌为轴，身体迅速右转45度（向东南斜方）；同时，两掌随转体各自左右弧形移至胸前，随移随着屈肘和臂外旋使掌心翻朝里面上方，两肘下坠，两臂呈弧形，两掌相距（以拇指一侧为度）同肩宽。眼随转体平视，眼神要关及两掌合拢。（图 167）

图 166

动作二：左腿渐渐下蹲，右腿前（东南）迈一步，先以脚跟着地，随着重心移向右腿渐至全脚踏实，弓右腿，蹬左腿，成右弓步；同时，两掌自前而下经右膝两旁分向左右划弧，随划随着两臂内旋，随即变拳向前上以虎口勾击，成钳形状，两拳稍高于头，两虎口相对。眼向前平视，眼神要关及两拳。（图 168—169 和图 169 的正面图）

图 167

图 168

图 169

图 169 的正面图

要　点

1. 迈步时要坐实左腿，收右胯根，然后以左腿渐渐下蹲来控制右腿前迈，上身保持正直。迈步的速度要均匀。

2. 随着落胯、沉气、松肩，两掌向下经膝旁时，要以两肘下沉来带动两掌下落，不可单是两掌下落，要用整体的劲使掌背沉着松净地下落。

3. 两拳向前上勾击要与右弓步协调一致。

第四十二式　左蹬脚

动作一：右脚尖外撇踏实，重心渐渐全部移于右腿，身微右转，左脚向前提起（脚跟先离地）；同时，两拳变掌分向左右下落，经腹前向前上划弧合抱，交叉于胸前，左掌在外；随划弧随着两臂外旋使掌心渐渐翻朝里；眼先关两掌划弧，当两掌将交叉时即转向左平视。（图 170—171）

图 170

图 171

动作二：两掌向左右分开；同时、左脚以脚跟慢慢向左蹬出，右腿随左脚蹬出渐渐起立，膝仍微屈。眼神关顾左掌分开，并通过左掌向前平视。（图 172）

要点与第三十七“右蹬脚”相同，惟左右相反。

图 172

第四十三式　转身右蹬脚

动作一：右脚跟离地，以右脚掌为轴，身体迅速向右后转；同时左脚随转体自左而前右摆，下落于右踝旁，先以脚尖着地，随着重心渐渐移于左腿而至全脚踏实，随即左腿微下蹲，右脚提起；同时，两掌随转体自左右向胸前合抱交叉，右掌在外，掌心皆朝里；眼随转体平视转移。眼神要关及两掌合抱。（图 173—174）

图 173

图 174

图 175

动作二与第三十七式“右蹬脚”动作二相同。（图 175）

要　点

1. 与第三十七式“右蹬脚”要点相同。

2. 转身时须借右脚辗地（一经辗地，脚跟即离地）和左腿摆动之势，才能迅速圆润地转向后面。转身时，身体不可前俯后仰，否则会产生不稳定的现象。

3. 两掌合抱交叉要与转身动作同时开始，同时完成。

第四十四式　进步搬拦捶

动作一：左腿渐渐下蹲，右脚下落，腰微右转。同时，右掌变拳自右而下经腹前弧形左绕，拳心翻朝下；左掌随左腿下蹲时稍下沉，即自左而前弧形向上（高不超过耳部）划弧，掌心朝右下。眼稍关右拳左绕，即渐渐转向右平视。（图 176）

图 176

动作二、三、四与第十二式“进步搬拦捶”动作三、四、五相同。（接图 46—49）

要点与第十二式“进步搬拦捶”要点相同。

第四十五式　如封似闭

动作和要点皆与第十三式“如封似闭”相同。（接图 50—53）

第四十六式　十字手

动作和要点皆与第十四式“十字手”相同。（接图 54—56）

第四十七式　抱虎归山

动作和要点皆与第十五式“抱虎归山”相同。（接图 57—67）

第四十八式　斜单鞭

动作和要点皆与第四式“单鞭”相同，惟方向正斜不同。（接图 68，再接图 177—179）

图 177

图 178

图 179

第四十九式　野马分鬃

（一）右分鬃

动作一：左脚尖里扣踏实，身微左转，重心渐渐全部移于左腿，左腿坐实，右脚收回经左踝侧向前提起。同时，左掌屈肘弧形移于左胸前；右吊手变掌自右而下向左弧形抄至腹前，随抄随着臂外旋使掌心翻朝左面上方，与左手成抱球状；两臂皆呈弧形。眼神关顾左掌。（图 180）

图 180

图 181

动作二：右脚向右（西稍偏北）迈出，身体渐渐右转，先以脚跟着地，随着重心渐渐移向右腿而至全脚踏实，弓右腿，蹬左腿，成右弓步。同时，右掌随转体向右上方以大拇指一侧弧形挒出，高与眉齐；左掌向左弧形下采于左胯旁。眼神关顾右掌挒出，稍先于右掌到达右方。（图 181）

（二）左分鬃

动作一：右脚尖外撇踏实，身微右转，重心渐渐全部移于右腿，右腿坐实，左脚经右踝侧向前提起。同时，右掌随转体屈肘移于右胸前，随移随着臂内旋使掌心渐渐翻朝下；左掌向右弧形抄至腹前，随抄随着臂外旋使掌心翻朝右面上方，与右掌成抱球状；两臂均呈弧形。眼随转体平视转移，眼神要关及右掌。（图 182—183）

图 182

图 183

动作二：左脚向左（西稍偏南）迈出，身体渐渐左转，先以脚跟着地，随着重心渐渐移向左腿而至全脚踏实，弓左腿，蹬右腿，成左弓步。同时，左掌随转体向左上方以大拇指一侧弧形挒出，高与眉齐；右掌向右弧形下采于右胯旁。眼神

关顾左掌挒出，稍先于左掌到达左方。（图 184）

（三）右分鬃

动作与前（二）左分鬃动作相同，惟左右相反。（图 185—187）

图 184

图 185

图 186

图 187

要　点

1. 野马分鬃的弓步比一般弓步稍微开一些，但不到 45 度斜角；脚尖要与膝盖方向一致。

2. 两掌成抱球状时，注意不可抬肘。

3. 右或左手挒出时要随腰转动，并要由肩到肘、由肘到手节节贯串地向外挒出。同时挒出与转体、变弓步要协调一致。下采的一手不要离胯部太近。两臂要呈弧形。

第五十式　揽雀尾

动作 ：身体微右转，重心渐渐全部移于右腿，左脚经右踝内侧向右提。同时，右掌随转体屈肘下沉里收于右胸前，随里收随着臂内旋使掌心渐渐翻朝下，右肘稍坠，略低于腕；左掌同时向右弧形抄至腹前，随抄随着臂外旋使掌心翻朝右面上方；两掌相对如抱球状，两臂呈弧形。眼随转体平视转移，眼神要顾及右臂。（图 188）

动作二、三、四与第三式“揽雀尾”（一）掤式的动作二、三、四相同。（接图 6—9）

要点与第三式“揽雀尾”（一）掤式要点相同。

（二）握式、（三）挤式、（四）按式的动作和要点，与第三式“揽雀尾”相同。（接图 10—17）

图 188　　图 189

第五十一式　单鞭

动作和要点与第四式“单鞭”相同。（接图 18－21，再接图 189）

第五十二式　玉女穿梭

（一）左穿梭

动作一：左脚尖里扣踏实；同时，右吊手变掌自右向前下划弧，左掌也渐渐下移。（图 190）

动作二：重心全部移于左腿，身体渐渐右转，右脚提起；同时，右掌随转体自下而左经胸前向右弧形上掤，左掌继续向前下划弧。眼神关顾右掌向右上掤。（图 191）

图 190

图 191

动作三：身体继续右转；右脚向右（西稍偏北）迈出，先以脚跟着地，随着重心渐渐全部移于右腿而至全脚踏实；左脚经右踝侧向前提起。随转体，左掌经腹前向右弧形移至右小臂下侧；右掌也随转体继续稍右掤，即沉右肘，自然带动右掌向下移回。眼稍关右掌后移，即转向前平视。图（192－193）

图 192

图 193

动作四：左脚向左前斜方（西南）迈出一步，以脚跟着地。同时，左小臂经右小臂下侧向前上掤；右掌（沉肘）经左小臂上侧穿回，随穿随着臂内旋使掌心渐渐翻朝前面下方。眼向左前平视，眼神要关及左臂前掤。（图 194）

动作五：重心渐渐移向左腿，左脚全部踏实，身体渐渐左转，弓左腿，蹬右腿，成左弓步。同时，左小臂经面前上翻，随翻随着臂内旋使掌心翻朝前面上方，左掌停于额前；右掌同时向前推出。眼向前平视，眼神要关及右掌前推。（图 195）

图 194

图 195

（二）右穿梭

动作一：左脚尖里扣踏实，身体渐渐右转。同时，右掌随转体屈肘横臂（臂呈弧形）移于胸前，随移随着臂外旋使掌心渐渐翻朝里；左臂外旋、沉左肘自然带动左掌下移，并使掌心翻朝里。眼神关顾左掌移回。（图 196）

动作二：身体继续右转，重心渐渐全部移于左腿，右脚提回，随转体移动。同时，右臂随转体右掤；左掌沉肘经右小臂上侧继续向下移回。眼神先关及左掌下移，即转视右臂前方。（图 197）

图 196

图 197

动作三、四与前左穿梭动作四、五相同，惟左右相反，前左穿梭方向为西南，这一右穿梭方向为东南。（图 198—199）

（三）左穿梭

动作一：重心渐渐全部移于右腿，身微右转，左脚向前经右踝侧提起。同时，左掌随转体屈肘横臂（臂呈弧形）移于胸前，随移随着臂外旋使掌心渐渐翻朝里；右臂外旋、沉右肘自然带动右掌下移，并使掌心渐渐翻朝里。眼稍关右掌

下移，即转视左臂前方。（图 200）

动作二、三与前左穿梭动作四、五相同，惟前左穿梭方向为西南，这一左穿梭方向为东北斜方。（图 201—202）

图 198

图 199

图 200

图 201

图 202

（四）右穿梭

动作与前右穿梭相同，惟前右穿梭方向为东南，这一右穿梭方向为西北。（图 203—206）

图 203

图 204

图 205

图 206

要　点

1. 玉女穿梭共有四个，方向是朝着四个斜角。图 195、199、202、206 四图是按杨澄甫老师原照所描。原照摄时为了视线清晰，偏于侧面，读者练时可向斜角。

2. 在每个转身或上步时，不可起立，身体要保持正直，动作要连贯、均匀，上下相随，协调一致。

3. 一掌向前上翻时要防止引肩上耸或抬肘；推出一手的

臂部不要挺直，要稍屈。

4. 变弓步、一掌前推时，脚尖、膝盖、身体、面目与推出的一掌方向要一致地朝着斜角。

第五十三式　揽雀尾

（一）掤式

动作一：重心渐渐全部移于右腿，左脚向右经右踝内侧提起。同时，右掌屈肘下沉里收于右胸前，随里收随着臂微外旋使掌心翻朝下，右肘稍坠，略低于腕；左掌同时向右下弧形抄至腹前，随抄随着臂外旋使掌心翻朝右面上方；两掌相对如抱球状，两臂呈弧形。眼神关顾右臂（参看图 5）。

要点与前第三式“揽雀尾”掤式要点相同。

（二）搌式、（三）挤式、（四）按式的动作和要点与第三式“揽雀尾”相同。（接图 10—17）

第五十四式　单鞭

动作和要点皆与第四式“单鞭”相同。（接图 18—21，再接图 105）

第五十五式　云手

动作和要点皆与第二十八式“云手”相同。（接图 106—111，再接图 108—111，再接图 108—111，再接图 108，最后接图 112，即三个云手）

图 207

第五十六式　单鞭

动作和要点皆与第二十九式“单鞭”相同。（图 113—114，再接图 207）

第五十七式　下势

动作：右脚尖外撇踏实，重心渐渐移向右腿，右腿屈膝下蹲，成左仆步；同时，左掌随重心后移屈肘弧形里收下移，经胸前而下，由左腿里侧前穿。眼神关顾左掌。（图 208—209）

图 208

图 209

要　点

1. 左掌弧形里收下移时，须随身体重心后移松腰胯，松肩部，下沉肘部，这样才能节节贯串带动左掌里收下移。左掌由里收下移到前穿要圆活，掌指要朝前（东），掌心朝南。

2. 做下势动作时要防止身体前俯、低头和臀部突出，要仍然保持上体正直，并要注意不可挺胸。

3. 成左仆步时，左膝微屈，左腿不可用力挺直。

4. 眼神虽随左掌，但当左掌由下向前穿时，不可低头。

第五十八式　金鸡独立

（一）左独立

动作：左脚尖外撇，身体渐渐左转，重心渐渐向前移于左腿，上体前移而起；左腿屈膝前弓，蹬右腿；右脚脚跟先离地向前提膝，随即左腿渐渐起立，成左独立式。同时，左掌随着身体前起左转向前上穿，即弧形下搂至左胯侧（掌心朝下）；右吊手变掌自后而下，随着右腿向前提膝，以右前臂尺骨一侧贴近右大腿上侧向前弧形上托，屈肘置于面前，手指朝上，高与眉齐，掌心朝左。眼先关左掌前穿，当左掌左搂时即顾右掌上托，并稍先于右掌到达，并通过右掌向前平视。（图 210—212）

图 210

图 211

（二）右独立

动作：左腿渐渐屈膝下蹲，身体渐渐右转；右脚下落于左脚跟旁，脚尖先着地，随着重心渐渐移于右腿而至全脚踏实；随即左脚脚跟先离地向前提膝，右腿随着渐渐起立，成右独立式。随着左腿下蹲和右脚下落的同时，右掌弧形下落于右胯旁，掌心朝下；左掌自下向前，随着左腿向前提膝，以左小臂尺骨一侧贴近左大腿上侧向上弧形托起，屈肘置于面前，手指朝上，高与眉齐，掌心朝右。眼先关右掌下落，即移顾左掌上托，稍先于左掌到达，并通过左掌向前平视。（图 213—214）

图 212

图 213

图 214

要　点

1. 由下势左仆腿起，重心前移时，要左腿渐屈，右腿渐蹬，松腰胯，上体要平行前移，然后渐渐前起，形成左弓步的形状，不要两腿伸直而起。

2. 在过渡为左独立式时，先要稳固地屈膝坐实左腿，然后右膝向前渐渐提起，同时左腿随着渐渐起立；不要先左腿起立，然后再提膝，形成不协调。由下势变为左独立的整个过程中，要防止上体前俯，须保持正直。

3. 由左独立变为右独立时，注意右脚下落时，左腿要同时下蹲，不要单是右脚下落而左腿仍然直立。当左腿提膝时，右腿也要随着渐渐起立。

4. 在做独立式时，须“沉肩坠肘”，“坐腕”，“虚灵顶劲”，“气沉丹田”；要“肘与膝合”，即肘与膝上下成垂直，向前的方向要一致。独立的一腿直立时不要用力挺直。

5. 在左右独立式动作说明文字中所用的“托”字，是按该动作的技击作用而来的，但在锻炼时不要为了“托”字的意义而将掌心朝上，应该手指朝上。

第五十九式　左右倒撵猴

（一）右倒撵猴

图 215

动作一：右腿渐渐屈膝下蹲，左脚经右踝内侧下落；同时，右掌向后（稍偏右）弧形上移，至与肩齐平；左掌伸臂前移；随移随着两臂外旋使两掌心翻朝上。眼关顾右掌向右后上移。（图 215）

动作二与第十七式“左右倒撵猴”（一）右倒撵猴动作三相同。（接图 77－78）

（二）左倒撵猴与（三）右倒撵猴动作与第十七式“左右倒撵猴”相同。（接图 79－81，再接图 76－77，再接图 82）

要点与第十七式“左右倒撵猴”相同。

第六十式　斜飞式

动作和要点与第十八式“斜飞式”相同。（接图 83－85）

第六十一式　提手上势

动作和要点与第十九式“提手上势”相同。（接图 86－87，再接图 25－27）

第六十二式　白鹤亮翅

动作和要点与第六式“白鹤亮翅”相同。（接图 28）

第六十三式　左搂膝拗步

动作和要点与第七式“左搂膝拗步”相同。（接图 29－33）

第六十四式　海底针

动作和要点与第二十二式“海底针”相同。（接图 88—90）

第六十五式　扇通背

动作和要点与第二十三式“扇通背”相同。（接图 91—92）

第六十六式　转身白蛇吐信

动作一、二与第二十四式“撇身捶”动作一、二相同。（接图 93—94）

动作三：右脚向前（稍偏右）落下，先以脚跟着地，随着重心移向右腿，渐至全脚踏实，弓右腿，蹬左腿，左脚尖微里扣，成右弓步；身体继续右转。同时，右拳变掌继续随转体向前弧形下撇至右腰前，掌心朝上，左掌弧形收至胸前经右小臂里侧上方向前推出；眼向前平视。并要关及左掌前推。（接图 216—217）

图 216

图 217

要　点

该式除在动作三内的“右拳变掌向前下撇”与撇身捶不

同外，余皆相同。所以要点也同前撇身捶。

第六十七式　搬拦捶

动作一：重心渐渐移向左腿，身体左转。同时，左肘随转体下沉，左臂外旋使掌心渐渐翻朝上；右掌变拳向前上伸于左掌上侧。眼神关顾右拳前伸。（接图 97）

其余动作皆与第二十五式“进步搬拦捶”相同。（接图 98—103）

要点与第二十五式“进步搬拦捶”基本相同，仅衔接动作“右掌变拳”不同，其余动作皆同。

第六十八式　揽雀尾

动作和要点与第二十六式“上步揽雀尾”相同。（接图 104，再接图 17）

第六十九式　单鞭

动作和要点与第二十七式“单鞭”相同。（接图 18—21，再接图 105）

第七十式　云手

动作和要点与第二十八式“云手”相同。（接图 106—111，再接图 108—111，再接图 108—111，再接图 108，最后接图 112，即三个云手）。

第七十一式　单鞭

动作和要点与第二十九式“单鞭”相同。（接图 113—115）

第七十二式　高探马带穿掌

（一）高探马

动作和要点与第三十式“高探马”相同。（接图 116—117，再接图 218）

图 218

(二) 左穿掌

动作一：左脚提回，右腿渐渐下蹲;左脚向前迈出一步，先以脚跟着地，随着重心渐渐移向左腿而至全脚踏实，弓左腿，蹬右腿，成左弓步；身体同时渐渐右转。随着左脚提回，同时右掌渐渐屈肘横臂，臂呈弧形，以弧形向左而下内收，随收随着臂外旋使掌心翻朝上；当左小臂穿过右掌上侧时，右掌即臂内旋使掌心仍翻朝下，右掌落于左腋下；左掌由右掌上侧穿出，掌心仍朝上，高与颏平。眼稍关右掌里收，即仍向前平视，并要关及左掌前穿。(图 219－220)

图 219

图 220

要　点

1. 左穿掌动作要同左弓步、身体右转协调一致。

2. 迈步时要防止上体前扑，要做到“迈步如猫行”，落步时要轻灵。

3.左掌穿出时右臂要呈弧形，右腋要留有空隙，不要逼紧。如果逼紧和臂不呈弧形，一方面在姿势上显得别扭，达不到处处求圆满的要求，另外在动作转换中也会失掉圆活之意。

第七十三式　十字腿

动作一：左脚尖里扣踏实，身体渐渐右转，重心渐渐全部移于左腿，右脚向左提回（脚跟先离地）。同时，左臂屈肘右移，掌心朝里；右掌经左臂外侧随身体右转合抱，随合抱随着臂外旋使掌心翻朝里，两掌合抱交叉于胸前。眼随转体向右平视，眼神要关及两掌合抱。（图 221－222）

图 221

动作二与第三十七式“右蹬脚”动作二相同。（图 223）

图 222

图 223

要点与第三十七式“右蹬脚”要点相同。

十字腿这个动作，原来的练法是单摆莲。上述这种练法，是杨澄甫最后修订定型的，目前按此法练者又最普遍，因之本书按最后定型的编著。但为使读者对原来练法有所了解，兹将原来练法介绍如下：

自左穿掌后，左脚尖里扣踏实，身体渐渐右转，重心渐渐全部移于左腿；同时，左掌屈肘随转体经面前右移，右掌仍在左腋下。身体继续右转，右脚自左向右上方弧形外摆，膝部自然微屈，脚高不过肩，脚背略侧朝右面；同时左掌自上而右向左迎着右脚面拍击。

下面就接进步指裆捶，在衔接动作上，即进步指裆捶动作一的说明，所不同的只是将右掌自左腋下经腹前左绕变拳。

第七十四式　进步指裆捶

动作一：左腿渐渐下蹲，右脚下落，身体渐渐右转。同时，右掌变拳自右而下经腹前左绕，随绕随着臂微内旋使拳

图 224

图 225

心转朝下；左掌也随左腿下蹲和身体右转下沉前移。眼稍关右拳，即向前平视。（图 224）

动作二：右脚脚尖外撇向右前（西北）斜方上步，先以脚跟着地，随着重心移向右腿而至全脚踏实；身体继续右转。随转体，右拳自左而上经胸前向右前搬出，随搬随着臂外旋使拳心翻朝上；左掌同时随转体弧形向右前拦，掌心朝右。眼神关顾左掌前拦。（图 225）

动作三：重心渐渐全部移于右腿，左脚经右踝内侧向前上步，先以脚跟着地；身体继续向右微转；同时，右拳随转体向右、向后、向前绕一弧形收于右腰侧，左掌自前而右弧形下搂。眼向前平视，眼神要关及左掌。（图 226）

图 226

图 227

动作四：重心渐渐移向左腿，左脚渐至全脚踏实，弓左腿，蹬右腿，成左弓步；身体渐渐左转，微折腰。同时，左掌向左经左膝前弧形搂至左膝旁；右拳向前打出，高与腹齐。眼向前平视，眼神要关及左掌左搂和右拳打出。（图 227）

要点与第三十四式“进步栽捶”同。

第七十五式　上步揽雀尾

(一) 掤式

动作一：左脚尖外撇踏实，重心渐渐全部移于左腿，右腿向前提起；身体左转直起。同时，左掌屈肘自左而上弧形移于左胸前，掌心朝右下；右拳变掌自前向左弧形抄至左掌下方，随抄随着臂外旋使掌心翻朝左面上方；与左掌成抱球状，两臂均呈弧形。眼略顾左小臂即转向右臂前方平视。(接图 7)

动作二与第三式“揽雀尾”(一) 左右掤式动作四相同。(接图 8—9)

要点与第三式“揽雀尾”掤式要点相同。

(二) 攦式、(三) 挤式、(四) 按式的动作和要点与第三式“揽雀尾”相同。(接图 10—17)

第七十六式　单鞭

动作和要点与第四式“单鞭”相同。(接图 18—21，再接图 207)

第七十七式　下势

动作和要点与第五十七式“下势”相同。(接图 208，再接图 228)

图 228

第七十八式　上步七星

动作：左脚尖外撇，重心渐渐向前移于左腿，身体渐渐前起左转，左腿屈膝前弓，蹬右腿；右脚脚跟先离地向前经左踝内侧提起，向前迈出半步，以脚尖点地，成右虚步。同时，左掌上抄至胸前变拳，右吊手变拳随右脚前迈自后经腰部向前交叉于左拳下侧，与左拳同时向前上掤，两拳高与颏齐，左拳心朝右面里侧，右拳心朝左面里侧。眼向前平视，眼神关及两拳交叉前掤。(图 229—230)

图 229

图 230

要　点

1．同第五十八式“金鸡独立”要点 1。

2．由下势过渡为右虚步时，注意身体不要摇晃。上体要保持正直，要松腰胯，腰部要防止为了保持平衡而僵硬。不可用右脚尖来分担身体重心，因为此时右脚为虚，左脚为实。如果右脚尖用力着地，分担重心，就会犯步法上“双重”的毛病，也就是虚实没有分清。

3．右拳向前上掤时，要如掤如打，注意不要做成向前上扬的动作。

4．两拳前掤时，两肩不可因两拳交叉而上耸或锁住，两臂要呈弧形，使姿势达到曲蓄而又圆满的要求。

第七十九式　退步跨虎

动作：右脚经左踝内侧退后一步，身体随着微右转；重心渐渐移于右腿，左脚略向后提，距原地半脚许落下，以脚尖点地，成左虚步，身体随着仍转朝前。同时，两拳变掌向左右分开，右掌随身体右转由前而下向右而上（此时身体正向前转）划弧，停于身体右侧上方，随划弧随着臂内旋使掌心朝前（稍朝上侧）；左掌自前而下向左弧形落于左胯旁，掌心仍朝下，手指朝前。眼先关顾右掌向右划弧，当右掌自右向上划弧时，即转向前平视，眼神并关及两掌。（图 231－232）

图 231

图 232

要　点

1. 向后退步时注意右脚的落地点，不要踏在一条线上。

2. 成退步跨虎式时（图 232），上体不可朝右侧倾或后仰、前俯，仍须正直。

3. 两掌分开后，两臂要呈弧形，注意两掌不要距离身体太开而形成松散的现象。

第八十式　转身摆莲

动作一：左掌自左胯旁向左弧形上移至左额前；右掌自上向右而下经腹前弧形移至左胸前，掌心朝下，略朝前侧。（图 233）

动作二：以右脚掌为轴，身体向右后转，左脚随着略踩地而起，左腿向右随转体平摆；两掌向右后随转体移转，随转随着右掌渐渐上移至高与鼻齐，左掌渐渐下移至与胸平，两掌心皆朝下。眼随转体向前平视转移。（图 234—235）

图 233

图 234

图 235

动作三：左脚向左前（东北）斜方脚尖里扣落地，随着重心渐渐移于左腿而至全脚踏实，身体继续右转，左腿屈膝坐实，右脚仍为脚掌着地，如右虚步形状。两掌继续随转体向右平移，右掌移于身体右前方；左掌移于右腕左侧，稍低于右掌。眼随转体平视转移，眼神要关及两掌右移。（图 236）

动作四：腰自左向右转，右脚自左向右上方弧形外摆，膝部自然微屈，脚高不超过肩部，脚背略侧朝右面；同时两掌自右向左迎着右脚面拍击（左先、右后。身体此时由右向左转）。眼神关顾两掌拍击右脚面。（图237—238）

图236

图237

图238

要　点

1. 以右脚掌为轴身体向右后转时，要借左脚略踩地、左腿向右后摆和转体之势，才能转得圆活。在转体时，身体不可摇晃，要立身中正，但腰部不可因此而挺硬，仍要放松。

2. 左脚落地时，要渐渐下蹲，形成象右虚步的过程，然后随着腰部自左向右转和右脚自左向右上摆而渐渐起立，但也不可挺直。

3. 右腿摆莲是横劲，要用转腰来带动右腿外摆。由于右腿外摆是横劲，又要由腰来带动，因此右脚最好不超出肩部，同时右腿不要挺直，要微屈。如果腿部伸直和脚的高度超出肩部，则势必胯部力量用得多，而腰部力量用得少；反之，腿部微屈，脚的高度不超过肩部，就能充分运用腰部力量，达到横劲的要求，并且所发到右脚背的劲力也更大。

第八十一式　弯弓射虎

动作一：左腿渐渐下蹲，身体继续左转，右脚下落于原地（仍为东南斜方），先以脚跟着地，随着重心渐渐移向右腿而至全脚踏实；同时，两掌随转体向左平摆，右臂随着外旋使掌心翻朝上。眼神关顾两掌左移。（图239）

图 239

动作二：身体渐渐右转，弓右腿，蹬左腿，成右弓步。两掌随转体自左而下经腹前右绕变拳，继续向右弧形上绕；右手随绕随着臂内旋使右拳心渐渐翻朝外，经右耳侧（此时身体由右向左转）向左前斜方打出，高与额平，置于右额前，臂呈弧形；左手随绕随着臂内旋使拳心渐渐转朝下，向上经胸前（此时身体由右向左转）向左前斜方打出，高与胸平。眼

图 240

图 241

先关顾两手向右上绕，当身体左转、两拳向左前将要打出时，转向左前斜方平视，眼神并要关及左拳打出。（图240—241）

要　点

1. 两手要随腰转动。腰部随两手拍击右脚面后先左转，随即右转，两手也随着向右上绕；当右拳绕至右耳侧和左拳绕至胸前时，身体又变为左转，两拳也随着体左转而向左前斜方打出。身体转动、两拳打出与变左弓步等动作要协调一致。

2. 成为弯弓射虎时（图241），要防止右肘上抬，肩部上耸，身体前扑。

第八十二式　进步搬拦捶

动作一：重心渐渐移于左腿，身体渐渐左转。同时，左拳变掌随转体向左后搬，随搬随着臂外旋使掌心翻朝上；右拳向前弧形下落于左掌前上方，随下落随着臂外旋使拳心翻朝左面里侧（右拳高与肩齐），随左掌左搬。（接图147—148）

动作二：重心渐渐全部移于左腿，右脚提回。同时，右拳自右前向下经腹前左绕，拳心转朝下；左掌向左而上（高不超过耳部）划弧，随划弧随着臂内旋使掌心翻朝右面下方。眼神稍关顾两手划绕，即渐渐转向前平视。（接图45）

动作三、四、五与第十二式“进步搬拦捶”动作三、四、五相同。（接图46—49）

要点与第十二式“进步搬拦捶”相同。

第八十三式　如封似闭

动作和要点与第十三式“如封似闭”相同。（接图50—53）

第八十四式　十字手

动作和要点与第十四式“十字手”相同。（接图 54—56）

第八十五式　收势

动作：两掌向前随伸随分开，两手距离同肩宽，同时两臂内旋使两掌心转朝下；随即两肘下沉，自然带动两掌徐徐向下按至胯前，手指朝前，掌心仍朝下。眼向前平视。（图 242—244）

要　点

1. 与第二式“起势”要点相同。
2. 最后，两臂与两手手指要自然下垂。

图 242

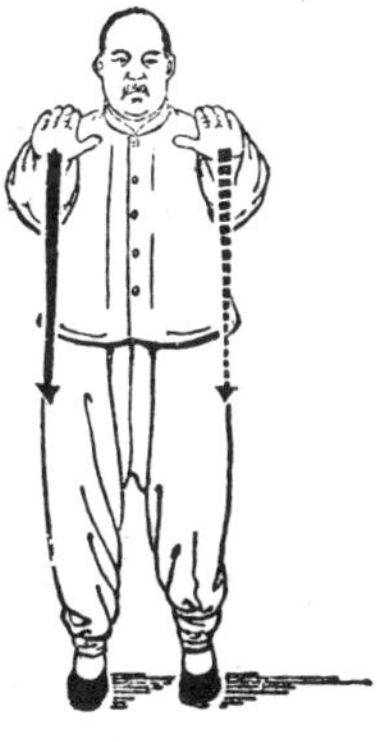

图 243

图 244

第三章　杨式太极拳推手

杨式太极推手有三种传统推法，在这里附带作一简略介绍。

定步推手

定步推手又称四正推手，是两人彼此用掤攌挤按四种手法，在原地进行的，其动作如下。

1. 甲乙两人对立，彼此迈出右足（此处为便于说明，假设互出右足。在练习中可使左右足轮流在前，进行练习），互举左手相搭（手背相对，手腕相交叉），各含掤劲；再各起右手抚于对方左肘，成为左手腕相交的双搭手。乙屈右腿前弓，甲屈左腿后坐；同时乙转为两手向甲按去，甲以左臂掤承对方的按势，同时甲顺势上体开始左转。（推手图 1，黑衣者为甲，白衣者为乙；甲为掤，乙为按）

2. 甲顺对方按势身体左转，并随着后坐，左腕仍掤住对方左掌按劲，以右腕黏于对方左肘，向左攌出；攌时右臂外

旋；乙即将右手离开对方左肘移至自己的左肘内侧。（推手图2，甲为搌式）

图 1

图 2

3. 乙顺对方的搌势以右掌附于自己的左肘内侧，向甲胸部挤出，同时弓足右腿；甲顺乙之挤势，腰部右转，两臂内旋。（推手图 3，乙为挤式）

4. 甲顺对方的挤势，腰部继续右转，身体转至正对乙方，同时两臂继续内旋，并以右手接住乙的右手，左手下沉落于对方近肘部的小臂处，两手同时前按，并屈右腿前弓；乙即以右臂掤承对方的按势。（推手图 4，甲按，乙掤）

图 3

图 4

然后，乙上体右转，以左手黏甲右肘右攌；甲再以左手附于自己右肘内侧前挤；乙即转为按式，甲又复以左臂掤接，如此循环互推。如果上肢向相反方向转动，动作同前，惟左右相反。

定步推手要求彼此各在挤足时，恰是步子弓足的时候，在攌足时恰是后坐到点的时候（如果挤时后坐和攌时前弓，都是错误的）。掤与按在弓、坐两者之间。

活 步 推 手

活步推手，是两人用掤攌挤按四种手法，配合着前进后退的步法进行的循环练习。步法分为合步与套步两种。

1. **合步步法**：假设甲乙两人都是左足在前作双搭手为开始（活步推手步法图之图 1 甲的起点）。假设甲退乙进。甲稍向前提右脚向后仍落于原地；乙同时稍向后提回左脚向前仍落于原地。接着甲退左脚，乙进右脚，甲再退右脚，乙进左脚（步法图 1 甲。看来似乎甲退三步，乙进三步，其实第一步不过是稍提腿后仍落于原地）。然后转为乙退甲进（步法图 1 乙中的起点，即图 1 甲中甲乙两人的最后落脚点）。当甲退了三步即向后提回左脚向前仍落于原地（转为进步），乙进了三步，即向前提起右脚向后仍落于原地（转为退步）。接着甲进乙退各两步（步法图 1 乙），然后再转为甲退乙进，如此一进一退地循环练习。

2. **套步步法**：甲乙两人相距一步对立（步法图 2 甲中的起点）。假设甲退乙进，乙左脚前迈，插于甲右脚内侧，同时

活步推手步法示意图

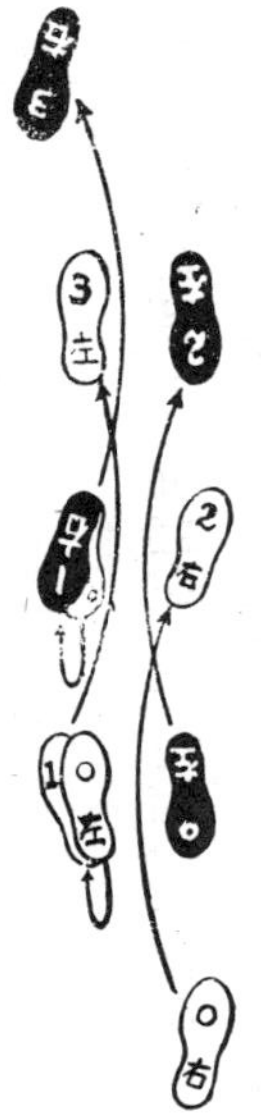

图 1甲

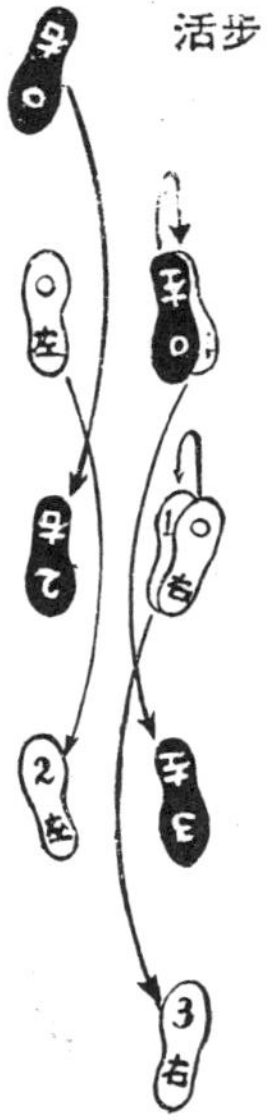

图 1乙

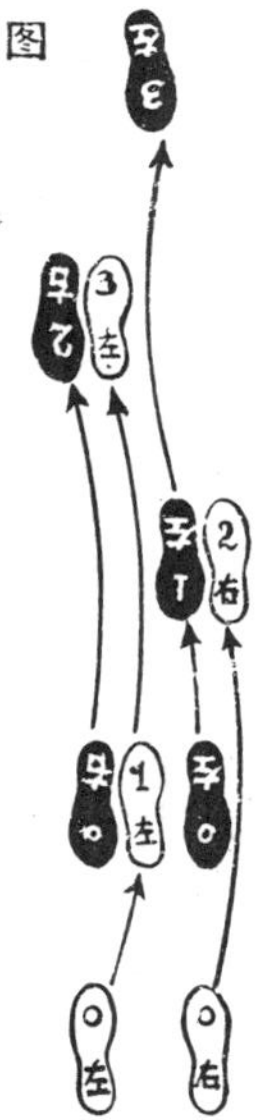

图 2甲

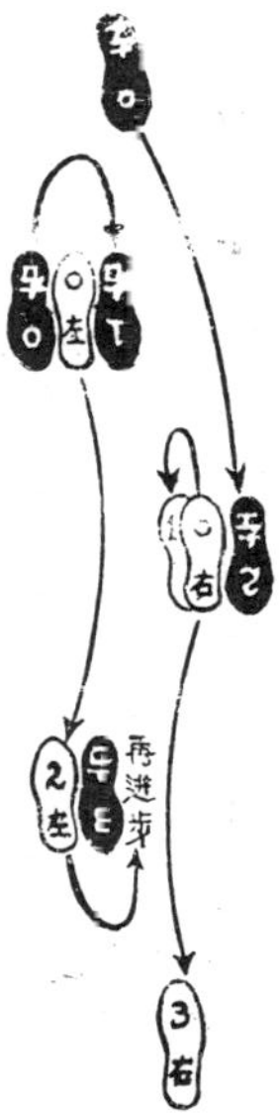

图 2乙

黑色足印表示甲方，白色足印表示乙方。

"o"表示起点，"1、2、3"表示进退步的顺序。

表示该足向前或向后提起后仍落于原地。

甲左脚后退一步；接着乙前迈右脚落于甲左脚外侧，同时甲右脚后退一步；接着乙再迈左脚仍插于甲右脚内侧，同时甲左脚后退一步（步法图 2 甲）。然后转为乙退甲进（步法图 2 乙的起点，即步法图 2 甲中甲乙两人的最后落脚点）。当甲退了三步，右脚即由乙之左脚外侧套至内侧（转为进步）；乙同时向前稍提右脚向后仍落于原地（转为退步）。接着再甲进乙退各两步（步法图 2 乙）。然后再转为甲退乙进，这样一进一退地循环练习。

活步推手，无论是合步或套步，上肢仍用掤搌挤按四种手法，但在开始动步时，退者必然为掤，进者为按。然后退者随退随转为搌，当搌至尽处时，步子也恰退了三步；进者也随进随转为挤；挤足时也恰是进步进足时。然后，退者转为进步时，上肢也由搌转为按；进者转为退步时，上肢也由挤转为掤。如此配合步法进行练习。

大　　搌

大搌因有步法的配合，搌的幅度就较定步推手中的搌为大，所以称为大搌；又由于大搌步法的方向是朝着四个斜角的（参看大搌步法方向示意图 1—4 的整个趋向），因此又称四隅推手法；又因它的主要动作是搌和靠，在每个循环中，两人合计有四个搌和四个靠的动作，所以也叫做四搌四靠。其动作如下。

大搬步法方向示意图

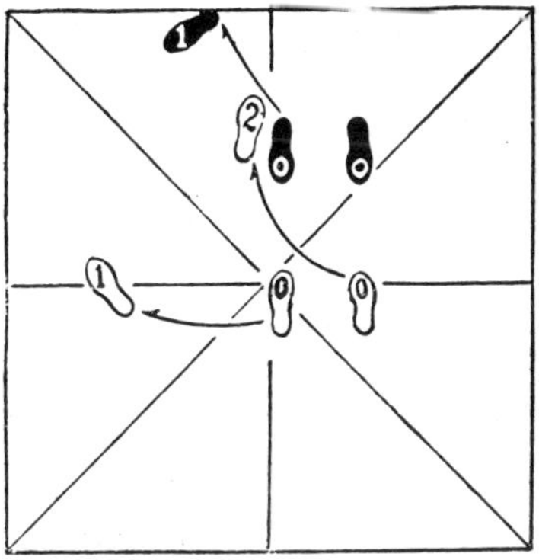

图 1 甲

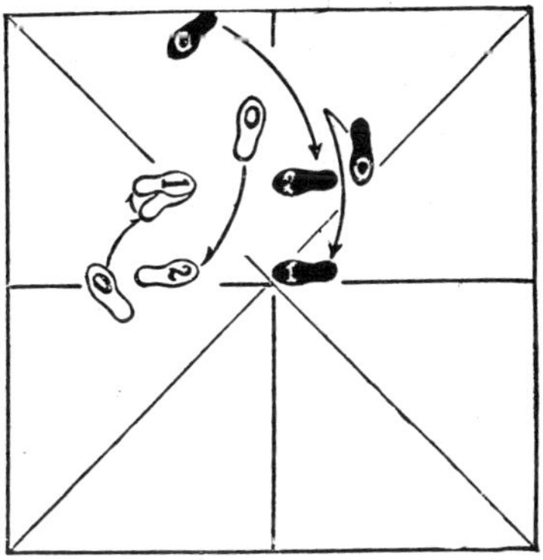

图 1 乙

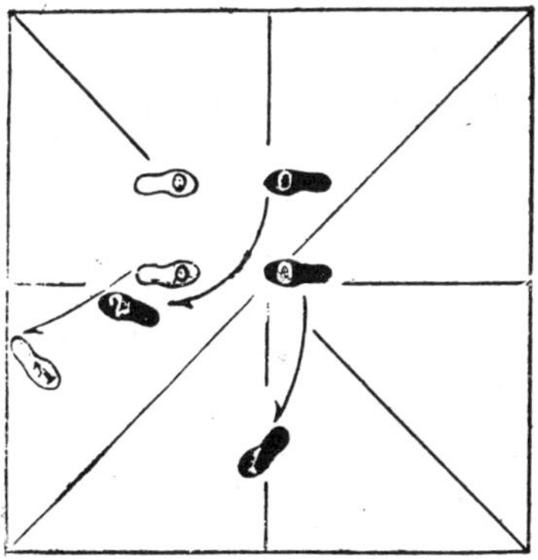

图 2 甲

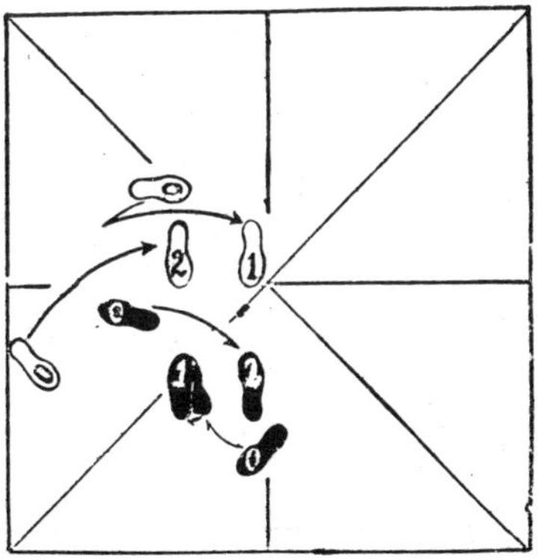

图 2 乙

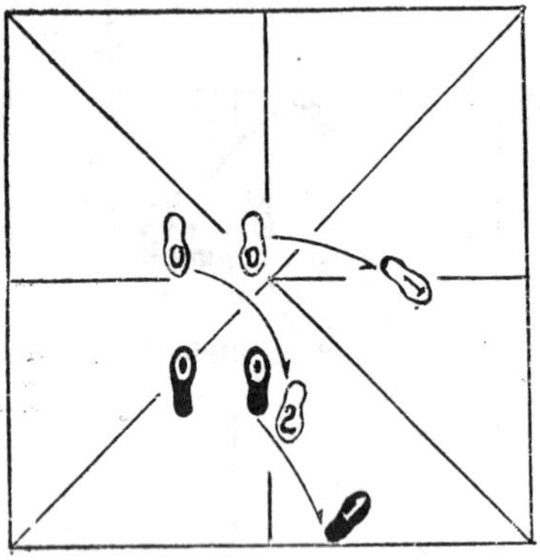

图 3 甲

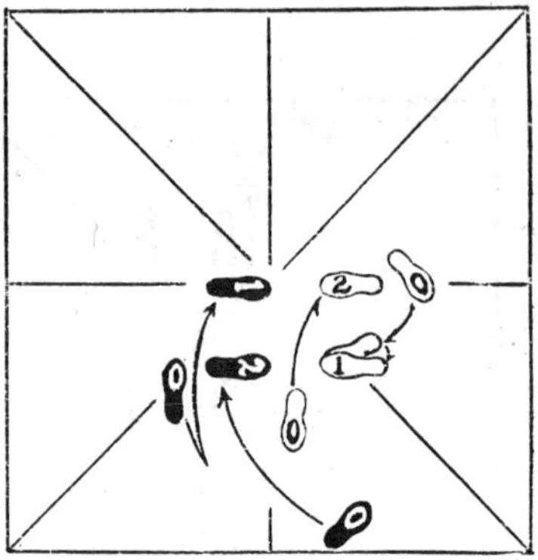

图 3 乙

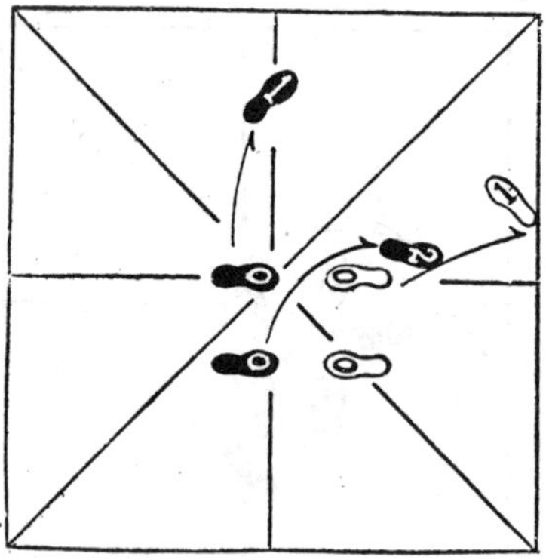

图 4 甲

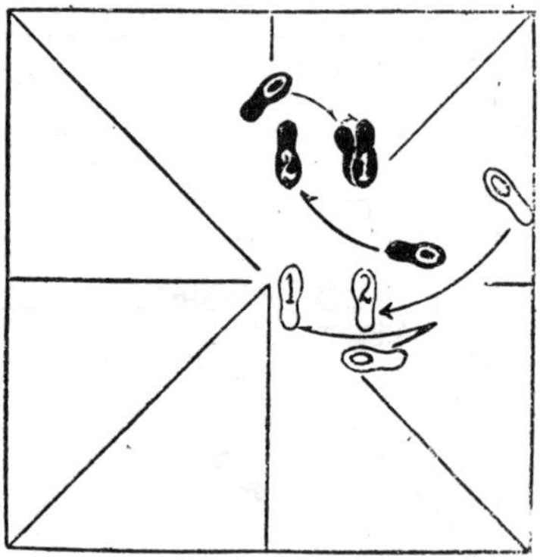

图 4 乙

1. 两人南北对立：假设甲向南，乙向北，两人成右手腕相交叉的双搭手，并假设甲握乙靠，甲退乙进。乙转为双手按甲右小臂，甲以右小臂掤住(大握图 1，动作说明中是右势，图中为左势)。甲右足向西北斜方退步，身体右转；同时，翻右手采（虚握）乙右腕，并以左小臂（近腕部的尺骨一侧）黏乙右上臂（近肘关节处）向右握去。在甲退步的同时，乙向西（稍偏北）横跨左足，顺甲采握之势，迈右足插于甲之裆间；同时左掌移附于右肘内侧，以肩部向甲胸前靠去。(步法见大握步法方向示意图 1 甲，姿势见大握图 4，图中杨澄甫为乙。大握姿势参考图共 5 幅，皆根据杨澄甫原照所描，由于没有过渡动作的图照，难以连贯，但左右握靠之姿势皆有，所以附作参考。其中图 5 一幅更为难得之照，也一并附上)

2. 甲左小臂随腰下沉，以化开乙之靠劲，并以右手向乙面部一闪。(大握图 3，杨易为甲。此图乙的姿势未靠足，步型应该与大握图 4 中杨澄甫同)

3. 乙即以右腕接甲之右腕，左手同时移黏于甲右肘上，与甲两人仍复为原来右手腕相交叉的双搭手式。乙在接甲右腕的同时，上左脚，即以左脚掌为轴向右转体，退右脚，与左脚并立，转为面朝东。甲也同时左脚稍提回即向南扣脚尖落步，体右转，并右步，转为面朝西。(大握步法图 1 乙)

大握的每一循环需走四个斜角，上述的甲退乙进、甲握乙靠，走完了一个斜角，完成了第一次握靠的动作。接着第二次握靠是乙退甲进、乙握甲靠(动作同上述，惟甲乙互易，乙之退步方向为西南。大握步法图 2 甲)，乙转为朝南，甲朝北(大握步法图 2 乙)。第三次又是甲退乙进，甲握乙靠，再转朝东西

大搬图1

大搬图 2

大搬图 3

大搬图 4

大搬图 5

(动作同第一次,惟方向不同。大搬步法图 3 甲、乙)。第四次又换为乙退甲进,乙攌甲靠,仍复原为甲朝南、乙朝北(动作同第二次,大攌步法图 4 甲、乙)。如此反复循环练习。

上述动作是由右手腕相交叉的双搭手开始，所以无论甲或乙所走的攌和靠，都是右攌右靠。如果要走左攌左靠，可换为由左手腕相交的双搭手开始，按前述动作左右相反即成(大攌图 2 和 5)。练习时可左右轮换。

大攌的手法有采挒肘靠四种。在练习中采（同时攌）和靠的动作表现得很明显，挒和肘并没有表现出来，只有在变化中才会运用出来。

挒法——按杨澄甫所著《太极拳体用全书》中，大攌四隅推手解里对“挒”是这样解说的:“……握乙之左腕是为采。右手不动即为切截。一变便为挒。挒者即撇开乙之左肘。向乙领际以掌斜击去。”这是以甲左攌、乙左靠的动作来讲解的。甲以左手采乙左腕，同时以右小臂（近腕部的尺骨一侧）黏于乙左上臂（肘关节稍上处）左攌；如果“右手不动”即以尺骨一侧“切截”乙之左肘关节；如果“一变便为挒”，就是右手“撇开乙之左肘”，以右手大拇指一侧的手背“向乙领际斜击去”。因之，挒的动作在练习时并不表现出来，只有在意念中或变化时有挒的动作。这样，当以用手背的侧击为“挒”。此外，另有两种说法：一种是以闪为挒掌；另一种是，当甲左攌后，接着右肘下沉、右带化开乙之靠劲作为挒。

肘法——也是在意念中或在变化时有肘的动作，就是当甲左攌以右小臂切截乙左肘，乙即将左肘折迭于甲之右小臂上侧，用肘尖向甲胸部顶去，作为肘的动作。按《太极拳体用全书》中“采势。甲左采而变为闪。右仍为切截。乙以左肘折住”(人民体育出版社,1957年7月第一版,第42页)之句来看,也是被搬者折肘以使用肘法。但另有一说是搬者使用肘法,就是当甲左搬、乙左靠之时,甲用右肘下沉化开乙的靠劲这一动作,作为肘的动作。

大搬虽说是采挒肘靠四种手法,其实兼有掤、掤、挤、按的手法。关于掤、搬和按,详见前大搬动作说明。挤在被搬者使用靠法之前,含有挤意。另外在变化中,搬者也可使用挤法,就是当甲左搬后仍以右小臂黏于乙左上臂,松开下采的左手移附于右腕处,即成挤式。

附　　录

一、太极拳论

王宗岳

太极者无极而生。阴阳之母也。动之则分。静之则合。无过不及。随曲就伸。人刚我柔谓之走。我顺人背谓之黏。动急则急应。动缓则缓随。虽变化万端。而理为一贯。由着熟而渐悟懂劲。由懂劲而阶及神明。然非用力之久。不能豁然贯通焉。虚灵顶劲。气沉丹田。不偏不倚。忽隐忽现。左重则左虚。右重则右杳。仰之则弥高。俯之则弥深。进之则愈长。退之则愈促。一羽不能加。蝇虫不能落。人不知我，我独知人。英雄所向无敌。盖皆由此而及也。斯技旁门甚多。虽势有区别。概不外乎壮欺弱。慢让快耳。有力打无力。手慢让手快。是皆先天自然之能。非关学力而有为也。察四两拨千斤之句。显非力胜。观耄耋能御众之形。快何能为。立如平准。活似车轮。偏沉则随。双重则滞。每见数年纯功。不能运化者。率自为人制。双重之病未悟耳。欲避此病，须知阴阳。粘即是走，走即是粘。阳不离阴。阴不离阳，阴阳相济。方为懂劲。懂劲后。愈练愈精。默识揣摩。渐至从心所欲。本是舍己从人。多误舍近求远。所谓差之毫厘，谬以千里。学者不可不详辨焉。是为论。

长拳者。如长江大海。滔滔不绝也。掤攦挤按采挒肘靠。此八卦也。进步退步左顾右盼中定。此五行也。掤攦挤按。即乾坤坎离四正方也。采挒肘靠。即巽震兑艮。四斜角也。进退顾盼定。即金木水火土也。合之则为十三势也。

二、十三势歌

（作者待考）

十三总势莫轻视。命意源头在腰际。变转虚实须留意。气遍身躯不少滞。静中触动动犹静。因敌变化示神奇。势势存心揆用意。得来不觉费功夫。刻刻留心在腰间。腹内松净气腾然。尾闾中正神贯顶。满身轻利顶头悬。仔细留心向推求。屈伸开合听自由。入门引路须口授。功夫无息法自修。若言体用何为准。意气君来骨肉臣。想推用意终何在。益寿延年不老春。歌兮歌兮百四十。字字真切义无遗。若不向此推求去。枉费工夫贻叹息。

三、十三势行功心解

武禹襄

以心行气。务令沉着。乃能收敛入骨。以气运身。务令顺遂。乃能便利从心。精神能提得起。则无迟重之虞。所谓顶头悬也。意气须换得灵。乃有圆活之趣。所谓变转虚实也。发劲须沉着松净。专主一方。立身须中正安舒。支撑八面，行气如九曲珠。无往不利（气遍身躯之谓）。运劲如百炼钢。无坚不摧。形如搏兔之鹄。神如捕鼠之猫。静如山岳。动如江河。蓄劲如开弓。发劲如放箭。曲中求直。蓄而后发。力由脊发。步随身换。收即是放。断而复连。往复须有折迭。进退须有转换。极柔软。然后极坚刚。能呼吸。然后能灵活。气以直养而无害。劲以曲蓄而有余。心为令。气为旗。腰为纛。先求开展。后求紧凑。乃可臻于缜密矣。

又曰。彼不动。己不动。彼微动。己先动。劲似松非松。将展未展。劲断意不断。又曰。先在心。后在身。腹松气敛入骨。神舒体静。刻刻在心。切记一动无有不动。一静无有不静。牵动往来气贴背。而敛入脊骨。内固精神。外示安逸。迈步如猫行。运劲如抽丝。全身意在精神。不在气。在气则滞。有气者无力。无气者纯刚。气若车轮。腰如车轴。

四、太极拳论

武禹襄

一举动周身俱要轻灵。尤须贯串。气宜鼓荡。神宜内敛。无使有缺陷处。无使有凸凹处。无使有断续处。其根在脚。发于腿，主宰于腰。形于手指。由脚而腿而腰。总须完整一气。向前退后。乃能得机得势。有不得机得势处。身便散乱。其病必于腰腿求之。上下前后左右皆然。凡此皆是意。不在外面。有上即有下。有前则有后。有左则有右。如意要向上。即寓下意。若将物掀起而加以挫之之力。斯其根自断。乃坏之速而无疑。虚实宜分清楚。一处有一处虚实。处处总此一虚实。周身节节贯串。无令丝毫间断耳。

五、打手歌

王宗岳修订

掤攌挤按须认真。上下相随人难进。任他巨力来打吾。牵动四两拨千斤。引进落空合即出。沾连沾随不丢顶。